Cláudio Aquati
Luis Augusto Schmidt Totti

XERETANDO
A LINGUAGEM EM
LATIM

Projeto e Coordenação Editorial
Claudia Zavaglia

© 2013 Cláudio Aquati, Luis Augusto Schmidt Totti

Projeto e Coordenação Editorial: Claudia Zavaglia

Preparação de texto: Larissa Lino Barbosa / Verba Editorial

Capa, Projeto gráfico e Diagramação: Patricia Tagnin / Milxtor Design Editorial

Assistente editorial: Aline Naomi Sassaki

Dados Internacionais de Catalogação na Publicação (CIP)
(Câmara Brasileira do Livro, SP, Brasil)

Aquati, Cláudio

    Xeretando a linguagem em latim / Cláudio Aquati, Luis Augusto Schmidt Totti ; projeto e coordenação editorial Claudia Zavaglia. -- Barueri, SP : DISAL, 2013.

    Bibliografia.
    ISBN 978-85-7844-126-5

    1. Latim - Estudo e ensino 2. Latim - Termos e frases I. Totti, Luis Augusto Schmidt. II. Zavaglia, Claudia. III. Título.

12-15016   CDD-470

Índices para catálogo sistemático:

1. Curiosidades : Latim : Linguística 470
2. Latim : Curiosidades : Linguística 470

Todos os direitos reservados em nome de:
Bantim, Canato e Guazzelli Editora Ltda.
Alameda Mamoré 911 – cj. 107
Alphaville – BARUERI – SP
CEP: 06454-040
Tel. / Fax: (11) 4195-2811

Visite nosso site: www.disaleditora.com.br

Televendas: (11) 3226-3111
Fax gratuito: 0800 7707 105/106
E-mail para pedidos: comercialdisal@disal.com.br

Nenhuma parte desta publicação pode ser reproduzida, arquivada ou transmitida de nenhuma forma ou meio sem permissão expressa e por escrito da Editora.

Sumário

Prefácio Xeretando o Latim	**5**
Introdução	**9**
CAPÍTULO 1 **VOCÊ ESTÁ FALANDO LATIM?** O latim vivo	**15**
CAPÍTULO 2 **QUEM TEM BOCA VAI A ROMA, TÁ LIGADO?** Provérbios, gírias, expressões idiomáticas, sentenças	**59**
CAPÍTULO 3 **AMIGO DA ONÇA?** Verdadeiros cognatos	**129**
CAPÍTULO 4 **ESTÁ TUDO AZUL?:** O colorido da linguagem	**181**
CAPÍTULO 5 **MENS SANA IN CORPORE SANO:** O corpo humano	**189**
CAPÍTULO 6 **DANOU-SE!** Palavrinhas ou palavrões?	**217**
Bibliografia Sites consultados	**249**

Prefácio

XERETANDO O LATIM

A coletânea **Xeretando a linguagem** não poderia deixar de contar com um volume que informasse e discutisse certos aspectos do latim, uma língua que serviu de matriz para muitas outras com que atualmente milhões de pessoas em todo o mundo se comunicam.

Para muitos, o latim é uma língua morta, que nada mais tem a dizer nos dias de hoje. Entretanto, sabemos que o conhecimento dele, com uma certa profundidade, como bagagem cultural de um profissional das letras, seja do ponto de vista do ensino-aprendizagem de idiomas (inclusive o português), seja do ponto de vista das atividades de tradução – tão necessárias quando as sociedades se interligam, cada vez mais, graças às condições tecnológicas de comunicação de massa que vão se expandindo –, seja em qualquer atividade que pressuponha leitura e produção de texto, habilita esse mesmo profissional à produção de um discurso mais apropriado, mais crítico à força de mais bem dominar as nuanças e significados das palavras, mais técnico por contar com um universo maior e mais adequado de itens lexicais que possam dar vazão a suas ideias.

Contudo, a principal preocupação deste volume voltar-se-á a aspectos lúdicos dessa língua que não deve, pois, ser vista como "língua morta": muito ao contrário disso, e com Alceu Dias Lima,[1] da UNESP/FCL-Araraquara-SP, podemos afirmar que o latim é "uma língua viva do passado". E, mais ainda, vivíssimo como o entendemos,

---

1 LIMA, Alceu Dias. *Uma estranha língua*. São Paulo: Edunesp, 1995, p.19.

o latim não se restringe ao passado, pois permanece dando sentidos aos nossos discursos modernos, seja com seu "ar de autoridade", seja na aplicação de velhas máximas pronunciadas em latim mesmo, seja no emprego de termos latinos consagrados ao longo da história, seja nos bastidores do vocabulário, alicerçando a formação do léxico da língua portuguesa.

Nosso intento é abordá-lo de uma maneira descontraída e mostrar certas faces dessa língua que muitos não conhecem ou de que muitos nem se dão conta, esquecidos de que o latim foi falado durante centenas de anos de todas as maneiras que uma língua pode ser empregada, em todas as situações, desde as mais solenes até as mais corriqueiras, desde as mais respeitosas às mais ofensivas, em todos os lugares, nas sessões de justiça, nos mercados, na literatura, nas ruas, no lar. Mostraremos, num brevíssimo apanhado, um certo vocabulário mais cotidiano, às vezes menos formal. Não há nada de inédito nisso, certamente, mas numa coleção em que o aspecto lúdico da linguagem ganha tanto relevo, por que não conhecer um pouco de como os antigos denominavam coisas tão prosaicas como as cores ou partes e funções do nosso próprio corpo, como é que falavam em sexo, como eram seus xingamentos? Também, e mostrando que o latim ainda tem muito vigor, vamos informar como ele contribui para a formação do nosso vocabulário moderno, e como os velhos provérbios em latim ainda povoam o nosso falar cotidiano. E, para além disso, apresentaremos como o latim ainda pode servir de língua de comunicação e referir-se a objetos modernos, típicos da civilização do século XXI, tais como **jeans**, computador, televisão, **fast food** etc.

Entendemos que quem xereta o latim em geral quer saber como se falaria nessa língua do passado um termo moderno. Então decidimos que, na contramão dos demais volumes desta coleção, que apresentam primeiro os vocábulos e expressões na própria língua objeto do livro em questão, muitas vezes nós partiremos da língua moderna para chegarmos à antiga, a fim de satisfazermos a curiosidade daqueles que gostariam de saber como em latim se diz isto ou aquilo.

Por outro lado, se as expressões em latim já estão consagradas e são do conhecimento do público, então é dessas expressões que partimos (como no caso dos velhos provérbios, *e.g.*) para esclarecer melhor seu significado para o falante do português e também as próprias circunstâncias de origem e usos dessas mesmas expressões. Assim, este livro é um pouco diferente dos demais da coleção **Xeretando a linguagem**, pois se configura como um complemento aos demais volumes sobre o espanhol, o francês, o inglês, o italiano, uma vez que aproveita, justamente, do aspecto lúdico da coleção e "brinca" com os conteúdos e tópicos dos livros de base em língua moderna.

8

Introdução

A coleção **Xeretando a linguagem em italiano, inglês, francês, espanhol e latim** é dirigida para aqueles que gostam de ler argumentos importantes e interessantes com leveza, sutileza e sem compromisso; que não se intimidam em confessar que gostam de "xeretar" e se divertir, até mesmo com palavras, e, consequentemente, com línguas.

Quem não tem curiosidade em saber como se diz "isso ou aquilo" em uma língua estrangeira? E ainda: quem não gostaria de saber como são usadas e o que significam certas palavras ou certas expressões estrangeiras que raramente são encontradas em dicionários de língua bilíngues ou monolíngues?

Foi pensando nessas pessoas que veio à tona a ideia desta coleção, que procurou tratar de temas atraentes e convidativos para chamar a atenção do leitor para certas peculiaridades dessas línguas estrangeiras e do português do Brasil. Desse modo, os livros estão divididos em 6 capítulos que correspondem cada um deles a um fenômeno linguístico trabalhado, com cerca de 50 a 80 entradas, além de uma breve introdução concernente ao assunto tratado, ao início de cada um deles.

No primeiro capítulo, você irá se deparar com várias expressões idiomáticas frequentemente utilizadas no português e nas outras línguas, com explicações sobre o seu significado e o seu uso. Ouvimos e nos utilizamos tanto dessas expressões que muitas vezes não nos damos conta da sua importância nas línguas estrangeiras (e às vezes nem as entendemos em português!). De fato, pode ser bastante complicado estar na França e achar que **Aboyer à la lune** é quando os cães "uivam para a lua" ou então que *Avaler as fourchette* significa "engolir seu garfo"... Do mesmo modo poderá ocorrer na Itália, quando você convidar seu **amico** para ir "pra balada" e ele lhe disser **Sono alla fruta** e você entender que ele "está na fruta" ou coisa parecida! Será uma supermancada! Imagine então se ele disser **Gatta ci cova** no meio de uma narração misteriosa e você achar que ele quis dizer que a "gata está na cova". Vai ser engraçado o desfecho! Com as outras línguas envolvidas na coleção ocorre a mesma coisa!

O segundo capítulo traz vários provérbios ou ditos populares o sentenças, como são chamados, empregados no nosso dia a dia e também em línguas estrangeiras. Saber entender (e reconhecer!) uma expressão proverbial em um idioma estrangeiro pode ajudá-lo a se relacionar com os estrangeiros, a interagir com os costumes daquele país e conhecer um pouquinho dessa cultura milenar. Assim, entender que **L'air ne fait pas la chanson** significa *O hábito não faz o monge* pode ser crucial em uma conversa sobre aparências, bem como compreender o significado de **Chi non risica, non rosica** ou de **Donde hay capitán no manda marinero** e do **Do as I say, not as I do** se você estiver pensando em se aventurar pelo mundo em busca de seus desejos!

Já no terceiro Capítulo, você vai encontrar dicas de como "não confundir alhos com bugalhos", porém, no que diz respeito às palavras! São os famosos cognatos ou falsos amigos, ou seja, aquelas palavrinhas que se parecem com outras, mas que na verdade não têm nada em comum umas com as outras. E fazem muitas pessoas caírem em verdadeiras armadilhas devido à confusão que causam. É o caso de **Actually** e **Costume**, em inglês; de **Burro** e **Furare**, em italiano; de **Bâton** e **Bobonne**, em francês, por exemplo.

No quarto Capítulo você vai colorir sua linguagem ainda mais e tomar conhecimento de como o português e as outras línguas estrangeiras se utilizam de nomes e cores, tais como *preto*, *amarelo*, *azul*, *marrom*, *rosa*, *cinza*, entre outros, em suas expressões linguísticas.

Além disso, para cada uma dessas cores, são fornecidos significados e seus empregos mais frequentes para cada par de língua da coleção. Muitas das expressões são bem comuns em português e a intenção foi demonstrar que elas podem ser igualmente utilizadas em cada uma das línguas estrangeiras tratadas. Outras, ao contrário, demonstram que cada língua pode "colorir" as suas expressões usando nomes de cores diferentes demonstrando que cada país pode "enxergar" de maneira diferente determinado acontecimento histórico, social ou cultural.

Com o quinto Capítulo, você vai poder "mergulhar" em "tribos" diferentes e conhecer uma linguagem peculiar que pertence às pessoas mais jovens, que possuem seus grupos de amigos e histórias em comum, e por isso mesmo, "criam" meios de se entenderem e compreenderem entre si. Assim, produzem um tipo de linguagem riquíssimo no quesito criatividade e obscurantismo, a partir do momento que certas palavras podem ser indecifráveis e jocosas para pessoas que não fazem parte daquele grupo que as emprega. Além disso, você vai saber como se diz "jeans", "eletricista", "pizza", "pipoca" e muito mais... em latim! É isso mesmo! O latim ainda é uma língua falada!

Por outro lado, ao ler o Capítulo 6, quando algum nativo quiser fazer "piadinhas" com você, ensinando-lhe palavrinhas que na verdade são palavrões na língua estrangeira, só para que ele "tire uma da sua cara", tenha a certeza que você não cairá nesse "trote" ou brincadeira! É isso mesmo. Ali você encontrará muitas das expressões empregadas pelos nativos que inexistem nos livros em que se estudam línguas estrangeiras; logo, não temos como aprendê-las em nossas aulas. Se o seu professor não for uma cara "descolado" e sem papas na língua, você vai demorar para aprender o que significa **Minchia** em italiano, **To bang** em inglês, **Suceur de quenelle** em francês, **Las domingas** em espanhol, **Sopio**, em latim. Sem pudores, esse capítulo traz um elenco de palavras empregadas para se referirem às nádegas, à vagina, ao pênis, aos testículos, ao ânus entre outros.

Além disso, procura tratar certas expressões obscenas que são bastante empregadas na linguagem comum daquele país em questão, nos mais variados contextos.

Então, mãos à obra! Vá xeretar as páginas deste livro e aprenda se divertindo!

Claudia Zavaglia
Coordenadora editorial

Claudia Zavaglia é Livre-Docente em Lexicografia e Lexicologia e doutora em linguística e Língua Portuguesa pela Universidade Estadual Paulista Júlio de Mesquita Filho – UNESP. Atualmente é professora adjunta da Universidade Estadual Paulista Júlio de Mesquita Filho – UNESP – câmpus de São José do Rio Preto – SP – IBILCE. É autora dos livros *Canzoni Italiane degli anni '90* (2001); *Parece mas não é: as armadilhas da tradução do italiano para o português* (2008); *Dicionário Temático Ilustrado Português – Italiano (Nível Avançado)* (2008); *Passarinho, Passarinha, Passarão: dicionário de eufemismos das zonas erógenas – português-italiano* (2009) e *Um significado só é pouco: dicionário de formas homônimas do português contemporâneo do Brasil* (2010).

Cláudio Aquati é Doutor em Língua e Literatura Latina pela Universidade de São Paulo – USP. Atualmente é professor assistente da Universidade Estadual Paulista Júlio de Mesquita Filho – UNESP – câmpus de São José do Rio Preto – SP – IBILCE. Traduziu para o português o romance antigo romano *Satíricon*, de Petrônio (2008).

Luis Augusto Schmidt Totti é Bacharel em Letras com Habilitação de Tradutor (Francês/Português) pela Universidade Estadual Paulista Júlio de Mesquita Filho (UNESP). É mestre e doutor em Letras (área de Letras Clássicas) pela Universidade de São Paulo. Atualmente é Professor Assistente Doutor da Universidade Estadual Paulista Júlio de Mesquita Filho, câmpus de São José do Rio Preto (Ibilce). Tem experiência na área de Letras, com ênfase em Latim e Literatura Clássica, atuando principalmente nos temas agricultura, magia e etimologia. É membro do GAMPLE (Grupo Acadêmico Multidisciplinar – Pesquisa Linguística e Ensino) e do Grupo de Estudos Linceu (Visões da Antiguidade Clássica).

CAPÍTULO 1

VOCÊ ESTÁ FALANDO LATIM?

O latim vivo

Imagine a existência de um grupo de pessoas se comunicando em latim em pleno século XXI, escrevendo e falando sobre atualidade, moda, política, esporte, culinária, economia e outros assuntos. Mas... seria realmente possível que a língua falada e difundida pelos romanos antigos em épocas tão distantes[1] fosse empregada para tratar de temas tão atuais? Se você acha que isso pertence ao campo da ficção, saiba que se trata da mais pura realidade.

Por incrível que possa parecer para muitas pessoas, hoje em dia existem, em várias partes do mundo, principalmente na Europa e América do Norte, grupos que se dedicam a cultivar o latim não apenas como língua clássica, mas também como idioma de comunicação

---

[1] O latim falado de forma não artificial, ou seja, como língua nativa, existiu até o século V d.C. em sua variante culta e até o século VIII d.C. em sua variante popular. Como língua de comunicação escrita, o latim atravessou a Idade Média e, em escala bem mais restrita, chegou até nossos dias, tendo sido, ao longo do tempo, largamente empregado em textos eclesiásticos, filosóficos e acadêmico-científicos.

escrita e falada por meio da qual se possa tratar de qualquer assunto do quotidiano atual. Onde quer que atuem, contam com importante apoio de acadêmicos da área de clássicas e com o respaldo de universidades. Esses grupos organizam seminários, congressos e até mesmo excursões em que a ordem é **latine loqui**, ou seja, *falar latim*. As motivações para a adesão a essa filosofia de aplicação da língua latina podem ir de uma mera busca por diversão a propósitos mais sérios, como o escopo pedagógico de facilitar o aprendizado do latim clássico e o ideal de elevar a língua do Lácio ao status de idioma de comunicação internacional.

A internet, por sua vez, tem sido uma ferramenta importante no percurso do latim vivo, ou **latinitas recens**, conforme se diz na língua em questão: sites de variedades, que além dos diversos assuntos do dia a dia incluem seção de entretenimento, com charges, palavras cruzadas, forca e outros passatempos do gênero (*Ephemeris*), páginas para publicação de fotos e imagens (*Mundus in Imaginibus/ The World in Photos*), sites com transmissão radiofônica de notícias em latim (*YLE Radio 1* e *Rádio Bremen*), salas de bate-papo e por aí vai. O reconhecimento do latim vivo pode ser medido mais recentemente pelo fato de essa ser uma das opções de idioma tanto da Wikipédia (**Wicipaedia**) como do Google. O site de relacionamentos Facebook tem em sua configuração o latim entre as opções de idioma de navegação.

No que diz respeito a textos impressos, há uma extensa produção voltada aos adeptos da latinidade moderna, que inclui gramáticas auxiliares para prática da conversação em língua latina, versões para a língua latina de hinos de países, letras de músicas e poemas de autores da literatura contemporânea, edições em latim de obras da literatura infantojuvenil, como O *Ursinho Pooh*, O *pequeno príncipe*, *Alice no país das maravilhas*, além de algumas aventuras de *Harry Potter* e as histórias em quadrinhos do *Asterix*.

A grande peculiaridade do latim vivo não está em sua gramática, uma vez que a morfologia e a sintaxe procuram respeitar os padrões clássicos, mas em seu vocabulário. Tendo em vista que nos tempos em que o latim foi falado inexistiam objetos, instrumentos, instituições e aparato tecnológico de que dispomos hoje em dia, naturalmente houve a necessidade de adaptação no significado de alguns vocábulos já existentes, além da criação de inúmeras outras palavras, respeitando-se, sempre, a morfologia tradicional da língua latina. "Neologismos" criados e convencionados no âmbito dos grupos de latim vivo são empregados inclusive em textos em língua latina emitidos pelo Vaticano, instituição que, por sinal, tem incentivado a disseminação da latinidade viva e que possui em sua página oficial na internet uma seção específica com um vocabulário de termos da latinidade recente.

Nas páginas a seguir disponibilizamos uma pequena amostra de palavras e expressões pertencentes ao vocabulário do latim vivo referentes ao dia-a-dia de um cidadão do século XXI. É importante observar que a criação de termos em latim para a atualidade segue vários processos, entre os quais destacamos quatro principais:

- um elemento pode ser nomeado a partir de uma palavra já existente em latim clássico sem que haja necessidade de que essa palavra seja deslocada de seu contexto original. Por exemplo, para **toalete** (ou o banheiro que tenha sanitário, mas não chuveiro) emprega-se o termo **latrina**, que em latim clássico designava o espaço apropriado para uma pessoa fazer suas necessidades fisiológicas; embora *toalete* atual e *latrina* romana apresentem várias diferenças importantes uma em relação à outra e estejam bem longe de serem idênticas entre si, ambas as palavras remetem à ideia essencial de um espaço reservado a uma mesma finalidade (necessidades fisiológicas);

17

- um elemento pode ser nomeado a partir de uma palavra já existente em latim clássico com deslocamento do contexto em que era empregada originariamente. Por exemplo, para a palavra *goleiro* o latim vivo usa entre outros o vocábulo **portarius**, trazido do latim clássico e cujo significado é *porteiro*. Sendo assim, **portarius** não pertence ao campo futebolístico, mas no léxico da latinidade viva acaba sendo aí inserido por conta da similaridade semântica que se dá entre **portarius** e o **goal keeper** (*goleiro*), similaridade essa que se verifica numa metáfora: assim como o porteiro tem como incumbência cuidar da porta para que ninguém passe por ela indevidamente, o goleiro tem a função de tomar conta do gol de modo a tentar evitar que a bola passe por ele;

- um terceiro caminho é designar algo por meio de um grupo de palavras que, além de traduzir, acabam também servindo de definição ao elemento em questão. Por exemplo, para *quarentena* o latim vivo usa a expressão **segregátio quadraginta diérum** (isolamento de quarenta dias);

- um quarto caminho é a latinização da palavra para a qual se busca um correspondente, como acontece com o termo **katchup**.

Então, sem mais delongas – quer você seja um iniciado no estudo do latim, quer nunca tenha estudado essa língua –, que tal satisfazer sua curiosidade e ir consultar as palavras que seguem? Ahh!!! E não se esqueça: aqui o latim é literalmente uma LÍNGUA VIVA!!!

Ambiente doméstico e atividades do dia a dia

abajur	**umbráculum lámpadis**
alarme	**suscitábulum**
• *o alarme tocou*	• suscitábulum sónuit
• *programar o alarme para (as 7h00)*	• óbicem infigere ad (séptimam horam)
apartamento	**diaéta**
aquecimento central	**calefáctio centrális**
ar-condicionado	**instruméntum áëri temperándo**
armário embutido, closet	**armárium paríeti insértum**
aspirador de pó	**púlveris hauritórium**
banheiro (com chuveiro ou ducha para banho)	**balneum**
• *chuveiro*	• balnéolum plúvium
• *tomar banho*	• balnéolo plúvio uti
• *toalha de banho*	• gausápina balneária
• *banheira*	• sólium, labrum
barbeador elétrico	**rasórium eléctricum**
café da manhã	**ientáculum**
cama	**lectus; léctulus**
• *ir para a cama (ir deitar-se)*	• cúbitum ire; dormitum ire
• *arrumar a cama*	• lectum sternere
• *roupa de cama*	• stragula
• *quarto (de dormir)*	• dormitórium cubículum
CD	**compáctus discus**
• *CD player*	• discophónium

chaminé	fumárium
controle remoto	moderátrum remótum
desodorante	fœtóris delumentum
escovar os dentes	dentes purgáre
fogão	fóculus
• *fogão elétrico*	• fóculus eléctricus
• *fogão a gás*	• fóculus gáseus
forno de micro-ondas	furnus undárum brévium
freezer	capsa frigorífica
geladeira	frigidárium
lâmpada fluorescente	túbulus lucífluus
lanche	merénda
• *lanchar*	• meréndam cápere
lareira	focus
lavadora de louças	máchina elutória
lavanderia	lavatórium
lustre	lámpadum corýmbus
luz (elétrica)	lúmen (electricum)
• *acender a luz*	• lúmen accéndere
• *apagar a luz*	• lúmen expedíre
persiana	forícula
poltrona, cadeira de braços	sella bracchiáta
porão	hypogéum; cellárium subterráneum
plug	spina contactus eléctrici
rádio	radiophónum

• ligar o rádio	• radiophónum excitáre; accéndere
• desligar o rádio	• radiophónum expedíre
• abaixar o (som do) rádio	• vim radiophóni remíttere
• aumentar o (som do) rádio	• vim radiophóni amplificáre
relógio	**horológium**
• acertar o relógio	• horológium temperáre
• olhar as horas	• horológium inspícere
• dar corda	• horológium inténdere
• despertador	• horológium suscitatórium
sala de estar	**sessórium; synoecium**
sala de jantar	**triclínium; cenátio (informal)**
secadora de roupa	**instruméntum siccatórium véstium**
secador de cabelo	**instruméntum siccatórium capillórum**
secretária eletrônica	**respónsrum**
sofá	**torus tormento fartus**
sótão	**subteguláneum**
supermercado	**superinstitórium**
telefone	**telephónum**
• telefonar	• per telephónum vocáre
• lista telefônica	• catálogus telephónicus
• cabine telefônica	• cella telephónica
• número de telefone	• númerus telephónicus
• discar um número (de telefone)	• númerum (telephónicum) selígere

• *falar com alguém por telefone*	• cum aliquo telephónice cólloqui
• *ligar para alguém*	• aliquem telephónice compelláre
telefone celular	**telephónulum portábile**
televisão	**televísio**
• *aparelho de televisão*	• televisórium
• *assistir à televisão*	• televisórium spectáre; telespectáre
• *programa de televisão*	• prográmma televisíficum; emíssio televisífica
• *canal de televisão*	• canális televisíficus
• *tela (de televisão)*	• quadrum televisíficus
• *telespectador*	• televisor
• *telejornal*	• telediúrna
• *telenovela*	• fábula televisífica
• *ligar (desligar) a televisão*	• televisórium excitáre (expedíre)
toalete	**latrina**
• *vaso sanitário, privada*	• labéllum íntimum, lasánum
torradeira	**tostrum**
ventilador	**máchina ventígena**
veneziana	**trasénna volúbilis**

Esportes

Termos gerais

apito	síbilus

apitar	síbilum emíttere
apito inicial	síbilus initiális
apito final	síbilus finális
campeão	**certator princeps; athleta victor**
campeonato conquistado (título)	**titulus victoriæ**
capitão	**lusórum dux; ductor manipuli**
descontos, acréscimos	**additícium tempus**
esporte	**dispórtus; athlética**
praticar esportes	in dispórtibus/athlética versári; dispórtibus lúdere
falta	**offénsa**
cometer falta	offénsam commíttere; pœnáliter ágere
jogo	**ludus; lusus**
perder um jogo	ludo superári; ludum perdere
ganhar um jogo	ludo víncere
meio-tempo	**dimídium tempus**
primeiro tempo	prior pars certáminis
segundo tempo	altera pars certáminis
quadra (de esportes)	**aula lusória**
rede	**rete**
roupa esportiva (sportswear)	**vestis campéstris**
time	**turma**
torcedor	**fautor**
torcedora	fautrix
treinador	**exercitátor; magister;**

vitória por pontos	**prævaléntia punctórum**
• *vencer por pontos*	• prævalére per puncta

Basquetebol

basquete	**corbifóllis/bascaudárius ludus; canistriludium**
• *jogar basquete*	• corbifólle lúdere, pila canistroque lúdere
• *jogador de basquete*	• bascaudárius, pilæ canistralis lúsor
• *bola de basquete*	• corbifóllis
• *passar a bola*	• corbifóllem transícere
• *passe (o ato)*	• corbifóllis transiéctio
• *passe (a bola passada)*	• corbifóllis transiéctus
ala	**oppugnátor, oppugnátrix**
cesta	**corbis**
• *fazer uma cesta*	• corbifollem per corbem
enterrada	**tuxtax (per corbem) iniéctus**
lance livre	**iáctus a línea pœnáli**
• *linha de cobrança de arremessos livres*	• línea pœnális
pivô	**centrális**

Beisebol

beisebol	**ludus basípilæ**
• *bola de beisebol*	• basípila
• *jogar beisebol*	• basípila lúdere
• *partida de beisebol*	• basípilæ lusus; basípilæ certámen
• *taco; bastão*	• clava (lusória)

arremessador(a)	coniector (coniectrix)
(primeira, segunda, terceira) base	**(prima, secunda, tertia) basis**
• *homem da (primeira, segunda, terceira) base*	• (primus, secúndus, tertius) basiárius
• *interbases*	• intermédius basiárius
• *home plate*	• basis summa, basis domestica
batedor(a); rebatedor(a)	**clavátor (clavatrix); pulsátor (pulsatrix)**
• *rebater*	• pulsáre
• *rebatida*	• pulsus
jardineiro (ou outfielder)	**extérnus custos**
luva	**digitábulum**
receptor(a)	**exceptor (exceptrix)**

Boliche

boliche	**conórum ludus; conilúdium**
• *jogar boliche*	• conis lúdere
• *bola de boliche*	• glóbulus/globus lusórius; globus conórum
• *pino de boliche*	• conus lusórius
• *pista de boliche*	• conórum aréola
fazer um strike	**omnes conos (lusórios) simul decútere**

Boxe/Pugilismo

boxe; pugilismo	**pugilátus; pugilátio**
boxeado; pugilista	**púgil**
campeão de boxe	**púgilum rex**
• *campeão dos pesos-pesados*	• púgilum rex máximi pónderis

golpe	**pugnus**
• *golpear*	• pugno cædere
(dar um) knock down	sternere
luva de boxe	cæstus
nocautear	cérebrum álicui diminuere
ringue	suggéstus pugilatórius
round	congréssus
• *perder um round*	• congréssu vinci
• *vencer um round*	• congréssu vincere
saco de pancadas	córycus; follis pugilatórius

Futebol

futebol	**pedifóllium; pedilúdium**
• *jogar futebol*	• pedifólle lúdere
• *jogador de futebol*	• pedilúsor; pedisphærista
• *estádio de futebol*	• stádium pedifólii
• *campo de futebol*	• campus pedifólii
• *bola de futebol*	• pedifóllis
atacante	**oppugnátor; assultor**
cabeceio	**cápite/cápitis pulsus**
• *cabecear*	• pedifóllem cápite pulsáre
cartão	**chártula**
• *mostrar o cartão amarelo*	• chártulam flavam monstráre
• *mostrar o cartão vermelho*	• chártulam rúbram monstráre
cobrança de escanteio	**pede pulsus anguláris**
cobrança de pênalti	**pede pulsus pœnális; iáctus pœnális**
chutar	**péde pulsáre**

chuteira	**calceaménta pedifólii**
gol	**porta**
• *fazer um gol*	• fóllem per portam pede pulsáre; fóllem in portam ingerere
• *gol!!!!!!!!!*	• Hei, follis per portam!!!
goleiro	**portárius; ianitor**
lateral (direito, esquerdo)	**(dexter, sinister) alárius**
líbero(a)	**lúsor líber (lustrix líbera)**
meio-campo (ou meia)	**lusor médius**
• *meia-direita; meia-esquerda*	• lusor médius dexter; lusor médius sinister
passe	**transpulsus; pilæ transmissio**
• *passar a bola*	• pedifóllem transpulsáre
tomar a posse de bola	**pedifólle potíri**
zagueiro	**defensor**

Futebol americano

futebol americano	**pedifóllium; pedilúdium (more Americano)**
• *bola de futebol americano*	• pedifóllis
• *jogar futebol americano*	• pedifólle lúdere
fazer um touchdown	**calcem (or cretam) atíngere**

Tênis

tênis	**tenilúdium; tenilúdus; tenísia;**
• *jogar tênis*	• tenísia lúdere
• *tenista (masculino)*	• tenilúsor; tenilúdius
• *tenista (feminino)*	• tenilústrix; tenilúdia
• *quadra de tênis*	• campus tenísiæ

• *partida de tênis*	• certámen tenísiæ
• *bola de tênis*	• pila tenísiæ
backhand	**pulsus inversus**
drive	**pila propulsa**
duplas	**tenilúdium binórum; ludus bis binórum**
• *partida de duplas femininas*	• ludus bis binárum muliérum
falta	**vítium**
raquete	**retículum (manubriátum)**
rede	**rete**
servir	**deícere**
• *serviço*	• deiéctus
simples	**tenilúdium singuláre**

Voleibol

voleibol	**follis volátilis; ludus folle volátili**
• *jogar vôlei*	• folle volátili lúdere
cortar	**follem magna vi propéllere**

Xadrez

xadrez	**scaci; lúdus scacorum; scacilúdium**
• *jogar xadrez*	• scacis lúdere
• *peça de xadrez*	• scacus
bispo	**episcopus**
casa	**casa**
cavalo	**eques**
fazer o roque	**adroccháre**
peão	**pedes; pedinus**

rainha ou *dama*	regina
rei	rex
tabuleiro	scacárium; tabula latrunculária
torre	turris; rochus
xeque mate!	cave regem!
• *dar o xequemate*	• regem tenére; (regem) ad incitas redigere/adigere

Outras modalidades

badminton	ludus pilæ pinnátæ
esqui	nartátio
esqui aquático	narta aquática
golf	pilamálleus
hockey	ludus hoccéius; alsulégia; pilamálleus
judô	luctátio Iudóica (ou Iapónica)
karatê	luctátio (ou lucta) carática
levantamento de peso	sublátio
patinação no gelo	(per gláciem) patinatio
rugby	harpástrum; follis ovati ludus; ovatæ pilæ lusus
salto com vara	saltus perticárius
slalom	decursio flexuosa; descensio tortuosa
tênis de mesa	mensualis pilæ ludus

Lazer, diversão e entretenimento

desenho animado	**spectáculum animátum**
disco (de vinil)	**orbis phonográphicus**
• *tocar (ouvir) discos*	• orbes phonográficos impéllere (audire)
• *toca-discos*	• machínula phonográphica
filme (em sentido geral)	**pellícula; tæníola**
• *filme (no contexto do cinema)*	• pellícula cinematográphica
• *exibir um filme*	• pellículam (cinematográphicam) exibére
• *filme educativo*	• pellícula didascálica
• *documentário*	• pellícula documentária
• *filme para fotografia*	• tæníola photográfica
fotografia	**imágo photográphica**
piquenique	**cénula subdiális**
playboy	**iúvenis voluptárius**
playground	**área lusória**
pub	**pública potória taberna**
talk show	**spectáculum disputatívum**
videocassete	**caséta magnetoscópica; visocaseta**
• *VCR (video cassette recorder)*	• magnetoscópium
videogame	**lusus magnetoscópicus**
• *jogar videogame*	• ludos magnetoscópicos lúdere

Comes e bebes

batata chips	láminæ solanórum
bolo de aniversário	libum natále
cachorro-quente	hilla calens
café	cáffea
• *xícara de café*	• pocíllum caffeárium
• *bule; cafeteira*	• olla caffeária
• *jogo para café; coffee set*	• sýnthesis caffeária
cerveja	cervísia
chá	thea
chocolate	socoláta
coquetel	própoma; cinnis
espaguete	pasta vermiculata; spacelli
hambúrguer	búbula concísa
ketchup	ketsupum
laranjada	mali Sinensis sucus; mali aurántii pótio; aranciata
limonada	limonáta; pótio cítrea
macarrão	pasta tubulata; maccaro
maionese	liquámen Magónicum
manteiga	butýrum
McDonald's	taberna MacDonaldiana
omelete	láganum ex ovis
panqueca	artoláganum
pipoca	(inflata) zea; maízium inflatum; máizæ grana tosta
pizza	placenta compressa; placéntula

• *pizzaiolo*	• scribitárius
• *pizzaria*	• taberna scribitária
refrigerante	potio refrigeratória
restaurante	caupóna
rosbife	búbula assa
sanduíche	pastíllum fartum
sorvete	congélidum cremum
tomate	lycopérsicum
• *molho de tomate*	• lycopérsici liquámen
torta de cereja	crústum cérasis
vinho	vinum
• *seco*	• austerum
• *doce*	• dulcis
• *tinto*	• sanguíneum
• *branco*	• álbum

Saúde

aspirina	aspirínum
check-up	totíus córporis inspéctio
cirurgião; cirurgiã	chirúrgus (masculino); chirúrga (feminino)
condição física	córporis habitus
dentista	médicus dentárius (masculino); **médica dentária** (feminino)
dermatologista	**dermatólogus** (masculino); **dermatóloga** (feminino)

dieta	**victus rátio**
dose	**potio**
• *pequena dose*	• potiúncula
droga (como remédio, medicamento)	**medicámentum; medicámen**
droga (como alucinógeno)	**medicaméntum psycotrópicum**
enfermaria	**valetudinárium**
enfermeiro(a)	**nosócomus** (masculino); **nosócoma** (feminino)
escova de dentes	**penículus dentárius**
farmacêutico(a)	**medicamentárius** (masculino); **medicamentária** (feminino)
heroína	**heroínum**
hospital	**valetudinárium; nosocomium**
marcapasso	**impulsórium cardíacum**
médico(a)	**médicus** (masculino); **médica** (feminino)
oftalmologista	**oftalmólogus** (masculino); **oftalmóloga** (feminino)
pasta de dente	**pasta dentária**
pílula	**pílula**
pressão sanguínea	**pressio sánguinis**
• *pressão alta*	• hypertónica
psicólogo(a)	**psychológicus** (masculino); **psycológica** (feminino)
psiquiatra	**psychiáter** (masculino); **psychiátra** (feminino)
pulso	**venárum pulsus**

• *tirar o pulso de alguém*	• venas (ou pulsum venárum) alicuius tentáre
quadro clínico	morbi descriptio
quarentena	quadragena; segregátio quadraginta diérum
radiografia	radiographía; radiográphica imago
raio laser	rádius laséricus
sintoma	nota; signum
tratamento com radiação	curátio radiális
vitamina	vitamínum

Transportes e viagem

acelerador	accelerátrum
agência de viagem	itínerum procurátrix
aeroporto	aëriportus; aëroportus; aërostatio; aëronavium portus
airbag	aërius follis
ambulância	autoárcea
automóvel, carro	autoraéda; currus
• *dirigir um carro*	• autoraéda vehi
• *parar o carro*	• autoraédam sístere
• *guardar o carro na garagem*	• autoraédam in receptáculo collocare
• *porta do carro*	• autoraédæ ostíolum
• *chave do carro*	• clavis accensiva
avião, aeronave	aërea navis; aëronavis

bicicleta	birota
caminhão	autocinetum onerarium; autocarrus (onerarius)
• motorista de caminhão	• autocarrarius; autocineti onerárii ductor
cinto de segurança	cinctúra securitátis
congestionamento	via frequens; chaos vehiculárium
metrô	ferrívia subterranea; ferrívia inferna; subterferrívia
mountain bike	birota montana
motocicleta	autobirota
• motociclista	• autobirotárius (masculino); autobirotária (feminino)
motorista (de automóvel)	autoraedárius; autocinetístes
• carteira de motorista	• autoraedárii diplóma
ônibus	autoraéda longa; cœnautocinétum
• ônibus de turismo	• cœnautocinétum periegéticum
passageiro(a)	vector (masculino); vectrix (feminino)
rodovia	autocinética
semáforo	semaphorus
terminal	státio terminális
tráfego	celébritas viæ; vehiculórum frequéntia
trem	trámen; curruum agmen; hamaxostichus
• estação ferroviária	• státio ferriviária; státio ferríviæ

• *ferrovia*	• ferrívia
• *linha de trem*	• viæ ferratæ línea; ferriviárius trames
• *tíquete (bilhete) de trem*	• téssera ferriviária
• *horário do trem*	• horárium ferriviále
• *locomotiva*	• currus tractórius; máchina vectória; máchina tractória
• *TGV (Trem de Alta Velocidade)*	• Hamaxostichus Magnæ Velocitátis
• *pegar (tomar) um trem*	• tramen súmere
• *vagão*	• currus ferratæ viæ
• *turismo*	• res periegética
• *agência de turismo*	• officina periegética; sedes itineribus procurandis
• *guia de turismo*	• mystagógus (masculino); mystagóga (feminino)
• *turista*	• peregrinus; viátor voluptárius; periegétes

Profissões

açougueiro	**lánius**
agente de viagem	**itínerum procurátor** (masculino)**; itínerum procurátrix** (feminino)
atacadista	**magnárius**
baby-sitter	**infantária**
banqueiro	**argentárius; mensárius; nummulárius; trapezita**

bombeiro	**siphonárius; vigil (adversus incendia); centonárius**
caixa (de supermercado, de banco, de loja etc.)	**arcárius** (masculino); **arcária** (feminino)
carteiro	**tabellárius**
caubói	**armentárius**
chofer	**autoraedárius**
comissário(a) de bordo	**hospes aëronauticus** (masculino); **hospita aëronautica; adiutrix vectórum; aëria ministrátrix** (feminino)
contador; contabilista	**ratiocinátor; rationárius**
datilógrafo(a)	**dactylógraphus** (masculino); **dactylógrapha** (feminino)
eletricista	**eléctridis ártifex**
engenheiro(a)	**machinátor** (masculino); **machinátrix** (feminino)
esteticista	**ornátrix**
garçom; garçonete	**miníster** (masculino); **minístra** (feminino)
homem de negócios (businessman)	**negotiátor; homo negotiósus**
jornalista	**diurnárius** (masculino); **diurnária** (feminino)
mecânico	**mechánicus ópifex**
piloto	**gubernátor**
xerife	**geraéfa**

Vestuário

biquíni	vestis (ou vestícula) bikiniana; bipartita (ou bimembris) vestícula; duplex balneária fáscia
bolsa (de couro)	pérula coriácea
botão	glóbulus
• *abotoar*	• glóbulis stríngere
calça	bracæ
calção, short	subligáculum; brevióres bracæ; bracae decurtátæ; curta femorália
camisa	camisia; indúsium
camiseta; T-shirt	colobium
capa de chuva	scórtea; (impermeábilis) pænula; amiculum pluvile
dândi	bellulus, trossulus, elegantior homo
gravata	focale
índigo	indicum
jeans	bracæ Genuénses
lavagem a seco	sicca lavatio; inhumecta lotura; inaquosa lotio
maiô	vestis balneáris
manga	mánica
• *mangas curtas*	• mánicæ curtæ
• *mangas compridas*	• manicáta
• *sem mangas*	• sine mánicis
máquina de lavar (roupas)	máchina lavatória; máchina línteis lavandis; máchina ad lavandum

• *lavadora automática*	• máchina automata ad vestimenta eluenda
moda	**cultus modus; vestis hábitus; mutátio formárum (in vestibus)**
• *fora de moda*	• obsoletus
passar roupa	**vestiménta prémere; levigare**
• *ferro (de passar roupa)*	• ferrum (cálidum)
pijama	**sýnthesis dormitória; vestis dormitória; cubitória vestis; vestis nocturna**
saia	**cástula**
• *minissaia*	• cástula brevíssima
suéter	**thorax lánius**
tamanho	**mensura; númerus mensurális**
vestido	**stóla**
zíper	**clausura tráctilis**

Informática

abrir	aperíre
arquivo	documéntum
barra de ferramentas	instrumentórum tabélla
byte	octétus
chip	tálus
CD-ROM	compáctus discus ópticus
clicar	deprimere; pulsare
computador	computátrum; ordinátrum

cópia	exémplar
• copiar	• exémplar fácere
cursor	cursor
deletar	delére
digitar	dactylographáre
disco flexível	discus flexíbilis
download	ex réte prehéndere/exprómere
e-mail	lítteræ electronicæ (a mensagem); cursus electrónicus (o sistema)
• enviar um e-mail	• lítteras electrónicas míttere
endereço	inscríptio electrónica
fechar	conclúdere
fonte	typus
formatar	(discum) conformáre
hacker	plagiárius electrónicus; effractárius electrónicus
hardware	apparátus computatrális
home page	página doméstica
imprimir	typis imprímere
• impressora	• impressórium; máchina typográphica
inicialização (boot)	initiátio systématis
input	ínitus
internet	interréte
janela	fenestélla
laptop; notebook	computrátulum portábile
link	connéxus

log in	iníre
log out	exíre
memória	memória
menu	iussórum tabélla
modem	transmodulátrum
monitor	monitórium; capsa computatrális
mouse	músculus; mus
navegar	navigáre
• navegador (browser)	• navigátrum
output	éxitus
password; senha	téssera
PC	computátrum domésticum
processador	editórium
programa	programma
• programar	• programmáre
• programador(a)	• programmátor (masculino); programmátrix (feminino)
RAM	memória volátilis
ROM	memória fíxa
rodar um programa	prográmma administráre
rede	rete
salvar	serváre
scanner	scansórium
• escanear	• scándere
software	partes programmatiónis
spam	saginátio

41

teclado	plectrológium; ordo plectórum
tela	quadrum visíficum
URL	Universále Rerum Locátrum; inscríptio interretiális
web site	situs interretiális
WWW (World Wide Web)	Téla Totíus Terræ

Apêndice ao Latim Vivo

De tudo o que se tem produzido no latim contemporâneo, é inegável que as traduções de textos modernos para a língua latina merecem um capítulo à parte. Coincidência ou não, a literatura infantojuvenil tem se constituído no maior nicho explorado por tradutores e editoras especializadas no assunto. Conforme mencionado na introdução a este capítulo, obras consagradas, ou ao menos bastante conhecidas do grande público, contam com edições em latim.

Para possibilitar que o leitor desfrute um pouquinho desta inusitada mas agradável experiência, selecionamos e organizamos nas páginas seguintes pequenos trechos de algumas dessas obras:

- de **Harry Potter e a pedra filosofal** consta o último parágrafo do primeiro capítulo (O menino que sobreviveu);

- de **O pequeno príncipe** consta o texto inicial, a dedicatória que Exupéry faz a um grande amigo;

- de **Alice no país das maravilhas**, foi escolhido um breve trecho do segundo capítulo (Mar de Lágrimas), em que a menina sofre as consequências de ter diminuído de tamanho

- de **Asterix** foi selecionado o texto introdutório fixo que acompanha todas as edições das histórias do herói gaulês.

Para que o leitor possa reconhecer sem problemas cada trecho e seu conteúdo, os excertos em latim vêm acompanhados dos textos dos trechos correspondentes em português, que foram extraídos das edições publicadas no Brasil em língua portuguesa, traduzidas das obras originais em inglês (*Harry Potter* e *Alice no país das maravilhas*) e em francês (*O pequeno príncipe* e *Asterix*).

Além das versões em latim de obras da literatura infantojuvenil e de histórias em quadrinhos, também foram incluídos neste apêndice interessantes versões em língua latina de obras conhecidas no âmbito da música, da literatura e do civismo: a letra do **Hino Nacional Brasileiro**, a letra da canção **Yesterday**, dos Beatles, e os versos do poema **No Meio do Caminho**, de Carlos Drummond de Andrade.

Enfim, é latim para ler, imaginar, sonhar e cantar...

Bom divertimento!!!

I.- HARRY POTTER

HARRIUS POTTER ET PHILOSOPHI LAPIS

– CAPUT PRIMUM –

Puer Qui Vixit

aura agitabat saepes ordinatas Gestationis Ligustrorum, quae silens et nitida sub caelo nigerrimo iacebat, in illa regione qua minime exspectes res miras futuras esse. Harrius Potter in mediis lodicibus revolutus est nec tamen solutus est somno. Una parva manu epistulam quae iuxta eum iacebat amplexa, dormiebat, nescius se esse egregium, nescius se esse praeclarum, nescius fore ut paucis horis excitaretur somno clamoribus Dominae Dursley ostium aperientis ut lagoenas lactis exponeret; nesciebat autem fore ut per proximas hebdomades consobrinum Dudleum pateretur se fodicantem et vellicantem... nec scire poterat hoc ipso tempore homines in secretis conventibus ubique habitis pocula tollere et dicere vocibus parvis:

'floreat Harrius Potter – puer qui vixit!'

Trecho extraído de:

ROWLING, J. K. *Harrius Potter et philosophi lapis.*
Translated by Peter Needham. London,
Bloomsbury, 2003, cap. I, p. 13.

HARRY POTTER E A PEDRA FILOSOFAL

– CAPÍTULO UM –

O Menino que sobreviveu

Uma brisa arrepiou as cercas bem cuidadas da rua dos Alfeneiros, silenciosas e quietas sob o negror do céu, o último lugar do mundo em que alguém esperaria que acontecessem coisas espantosas. Harry Potter virou-se dentro dos cobertores sem acordar. Sua mãozinha agarrou a carta ao lado, mas ele continuou a dormir, sem saber que era especial, sem saber que era famoso, sem saber que iria acordar dentro de poucas horas com o grito da Sra. Dursley ao abrir a porta da frente para pôr as garrafas de leite do lado de fora, nem que passaria as próximas semanas levando cutucadas e beliscões do primo Duda... ele não podia saber que, neste mesmo instante, havia pessoas se reunindo em segredo em todo o país que erguiam os copos e diziam com vozes abafadas:

– A Harry Potter: o menino que sobreviveu!

Trecho extraído de:

ROWLING, J. K. *Harry Potter e a pedra filosofal*. Tradução de Lia Wyler. Rio de Janeiro; Rocco, 2000, capítulo 1, p. 20.

II.- O PEQUENO PRÍNCIPE

REGULUS

ANTONIUS LEONI WERTH S.

Pueros oro ut mihi ignoscant quod librum hunc ad adultum hominem inscripserim. Hanc probabilem excusationem habeo, quod adultus ille homo mihi unus omnium amicissimus est. Secundam excusationem habeo, quod adultus ille homo eo ingenio est ut omnia intellegat, etiam ea quae puerorum causa scripta sunt. Jam vero tertiam excusationem habeo, quod adultus ille homo in Gallia habitat, ubi et esurit et alget. Itaque consolatione magnopere eget.

Quod si omnes hae excusationes non satis valebunt, morem eis geram et librum hunc ad puerum illum inscribam ex quo ad hanc aetatem adolevit. Omnes enim qui adoleverunt puerili primum aetate fuerunt (sed pauci recordantur). Quae igitur inscripsi sic corrigo:

ANTONIUS LEONI WERTH

PUERITIAE MEMORI MEMOR S.

Trecho extraído de:

SANCTO EXUPÉRIO, Antonius a. **Regulus.** Ab Augusto Hauri in latinum conversus. San Diego/New York/London: Harcourt, 2001.

O PEQUENO PRÍNCIPE

A LÉON WERTH

Peço perdão às crianças por dedicar este livro a uma pessoa grande. Tenho uma desculpa séria: essa pessoa grande é o melhor amigo que possuo no mundo. Tenho uma outra desculpa: essa pessoa grande é capaz de compreender todas as coisas, até mesmo os livros de criança. Tenho ainda uma terceira: essa pessoa grande mora na França, e ela tem fome e frio.

Ela precisa de consolo. Se todas essas desculpas não bastam, eu dedico então esse livro à criança que essa pessoa grande já foi. Todas as pessoas grandes foram um dia crianças (mas poucas se lembram disso). Corrijo, portanto, a dedicatória:

A LÉON WERTH

QUANDO ELE ERA PEQUENINO

Trecho extraído de:

SAINT-EXUPÉRY, Antoine de. **O pequeno príncipe**. Tradução de Dom Marcos Barbosa. Rio de Janeiro: Agir, 2002, p. 7.

III.- ALICE NO PAÍS DAS MARAVILHAS

ALICIA IN TERRA MIRABILI

– CAPUT SECUNDUM –

Stagnum lacrimarum

'Res difficilior est quam umquam antea,' sibi dixit puella misera, 'nam numquam prius tam parva eram quam nunc! Re vera non ferendum est!'

His verbis dictis pes eius vestigio lapsus est, et statim mento tenus in aquam salsam immersa est. Primo putabat se aliquo modo in mare decidisse. 'Si ita est,' sibi inquit, 'via ferrata redire potero.' (Alicia semel tantum litus marinum viserat: et inde opinionem habebat ut putaret, quocumque in litore Angliae eas, reperiri aliquot tuguria balnearia in mari, pueros complures palis ligneis in arena fodientes, deinde tecta deversoria ordine disposita, atque post ea stationem in via ferrata.) Brevi tamen comperit se in stagno lacrimarum esse quas fudisset quo tempore novem pedes alta esset.

'Velim me non tantum lacrimavisse!' Alicia inquit, dum circum natat modumque egressus petit.

Trecho extraído de:

CARROLL, L. **Alicia in terra mirabili.** Latine
     redditus a Clive Harcourt Carruthers.
     London: Macmillan, 1964.

ALICE NO PAÍS DAS MARAVILHAS

– CAPÍTULO 2 –

O mar de lágrimas

"As coisas estão piores do que nunca" pensou a pobre menina, "pois nunca fui tão pequena assim antes, nunca! E declaro que é ruim demais, isso é o que é!"

Ao dizer essas palavras, seu pé escorregou e, num segundo – splash! –, estava mergulhada até o queixo em água salgada. A primeira ideia que lhe passou pela cabeça foi que tinha caído no mar, "e nesse caso posso voltar de trem", disse para si mesma. (Alice tinha ido à praia só uma vez na vida, mas chegara à conclusão geral de que, em qualquer ponto do litoral da Inglaterra, sempre se encontram cabines de banho no mar, crianças brincando com pazinhas na areia, uma fileira de casas para alugar e, atrás disso tudo, uma estação ferroviária.) Porém, logo se deu conta de que estava no mar de lágrimas que chorara quando tinha dois metros e meio de altura.

"Seria melhor não ter chorado tanto!" lamentou-se Alice enquanto nadava, tentando sair dali.

Trecho extraído de:

CARROLL, L. **Alice no país das maravilhas.** Tradução de Isabel de Lorenzo. 2.ed. São Paulo: Sol/Objetivo, 2000, p. 34.

IV.- ASTERIX

O pequeno texto abaixo é o prólogo que acompanha todas as edições das histórias em quadrinho do herói gaulês Asterix.

TEXTO EM LATIM

anno a.C.n.L: tota Gallia, quae, ut uides, est diuisa in partes quinque, a Romanis occupata est... Totane? Minime! Vicus quidam a Gallis invictis habitatus invasoribus resistere adhuc non desinit. Neque vita facilis legionariis Romanis, quibus sunt castra bene munita Babaorum, Aquarium, Laudanum, Parvibonumque....

TEXTO EM PORTUGUÊS

Estamos no ano 50 antes de Cristo. Toda a Gália foi ocupada pelos romanos... Toda? Não! Uma aldeia povoada por irredutíveis gauleses ainda resiste ao invasor. E a vida não é nada fácil para as guarnições de legionários romanos nos campos fortificados de Babaorum, Aquarium, Laudanum e Petibonum..."

As aventuras de Asterix são uma criação de Goscinny e Uderzo.

Publicações em língua portuguesa (no Brasil):
Editora Record (Rio de Janeiro).

Publicações das edições em latim:
Editora Delta (Stuttgart, Alemanha).

V.- YESTERDAY

HESTERNO

(Tradução: Hanna Haas-Scheibler)

Hesterno
curae longe a me aberant
at ex hodie me non deserent:
in diem credo hesternum.

Subito
non iam is sum qualis antea
animum obumbrant nubilia
Hesterna novi subito.

Illa non iam vult,
nihil dixit, abiit.
Ego tacui, nunc
desidero hesterna

Hesterna
mi solebant arridere,
sed nunc cupio latere
in diem credo hesternum.

Extraído do periódico

Rumor Varius. Akad; Zurich, 1990, t. 13, fasc. 81, p. 20.

YESTERDAY

(Lennon-McCartney)

Yesterday
All my troubles seemed so far away
Now it looks as though they're here to stay
Oh, I believe in yesterday

Suddenly
I'm not half the man I used to be
There's a shadow hanging over me
Oh, yesterday came suddenly

Why she had to go I don't know
She wouldn't say
I said something wrong now I long
For yesterday

Yesterday
Love was such an easy game to play
Now I need a place to hide away
Oh, I believe in yesterday

Copyright Northern Songs

VI.- NO MEIO DO CAMINHO

MEDIA IN VIA

(Tradução: Silva Bélkior)

Media in via erat lapis
erat lapis media in via
erat lapis
media in via erat lapis.

Non ero unquam immemor illius eventus pervivi tam míhi in retinis defatigatis.

Non ero unquam immemor quodmedia in via erat lápis

erat lapis media in via
media in via erat lapis.

Extraído do Blog *Locus Latinus*

NO MEIO DO CAMINHO

(C. Drummond de Andrade)

No meio do caminho tinha uma pedra
tinha uma pedra no meio do caminho
tinha uma pedra
no meio do caminho tinha uma pedra.

Nunca me esquecerei desse acontecimento na vida de minhas retinas tão fatigadas.

Nunca me esquecerei que no meio do caminho tinha uma pedra

Tinha uma pedra no meio do caminho
no meio do caminho tinha uma pedra.

VII.- HINO NACIONAL BRASILEIRO

Hymnus Brasiliensis

I

Audierunt Ypirangae ripae placidae
Heroicae gentis validum clamorem,
Solisque libertatis flammae fulgidae
Sparsere Patria in caelos tum fulgorem.
Pignus vero aequalitatis
Possidere si potuimus brachio forti,
Almo gremio en libertatis,
Audens sese offert ipsi pectus morti!
O cara Patria,
Amoris atria,
Salve! Salve!

Brasilia, somnium tensum, flamma vivida,
Amorem ferens spemque ad orbis claustrum,
Si pulchri caeli alacritate limpida,
Splendescit almum, fulgens, Crucis plaustrum.
Ex propria gigas positus natura,
Impavida, fortisque, ingensque moles,
Te magnam praevidebunt jam futura.
Tellus dilecta,
Inter similia
Arva, Brasilia,
Es Patria electa!
Natorum parens alma es inter lilia,
Patria cara,
Brasilia!

II

In cunis semper strata mire splendidis,
Sonante mari, caeli albo profundi,
Effulges, o Brasilia, flos Americae,
A sole irradiata Novi Mundi!
Ceterisque in orbi plagis
Tui rident agri florum ditiores;
Tenent silvae en vitam magis,
Magis tenet tuo sinu vita amores.
O cara Patria,
Amoris atria,
Salve! Salve!

Brasilia, aeterni amoris fiat symbolum,
Quod affers tecum, labarum stellatum,
En dicat aurea viridisque flammula
Ventura pax decusque superatum.
Si vero tollis Themis clavam fortem,
Non filios tuos videbis vacillantes,
Aut, in amando te, timentes mortem.
Tellus dilecta,
Inter similia
Arva, Brasilia,
Es Patria electa!
Natorum parens alma es inter lilia,
Patria cara,
Brasilia!

(Versão para o latim: Mendes de Aguiar)

Extraído de:

BERGE, Fr. Damião, et alii. ***Ars Latina***. Exercícios latinos.
3. ed. Petrópolis: Vozes, 1963. v.3, p. 175.

CAPÍTULO 2

QUEM TEM BOCA VAI A ROMA, TÁ LIGADO?

Provérbios, gírias, expressões idiomáticas, sentenças

Neste capítulo, aproveitamos a fama de linguagem sentenciosa do latim. Por exemplo, destacamos muitas expressões retiradas da literatura latina e da *Vulgata* (ou, simplificadamente, a *Bíblia* em latim) que , com o tempo, adquiriram valor proverbial. Junto a construções como essas, também demos relevo a sentenças provenientes da "sabedoria popular", da linguagem figurada, das maneiras de dizer (ou "expressões idiomáticas") e mesmo das gírias. Também não poderiam faltar importantes fórmulas de cunho técnico (tais como *exempli gratia*, *et alii*, *a fortiori*, *grosso modo*, *et cetera* etc.) que povoam a linguagem científico-acadêmica e que, pela constância do emprego, são indispensáveis a uma boa elaboração do discurso e à compreensão de textos das mais variadas naturezas. Segue, portanto, uma relação – evidentemente não exaustiva – dessas expressões, com seu significado específico e, via de regra, com uma explicação acerca das circunstâncias em que se empregam.

A bove maiore discit arare minor
O boi menor aprende a arar pelo velho

Quando uma pessoa mais velha e experiente se põe a instruir e educar uma pessoa mais nova, deve saber que seus exemplos e sua conduta na prática são mais eficazes do que bons conselhos. Afinal, é fato que os menores não poucas vezes aprendem imitando o comportamento dos mais crescidos.

A capite (usque) ad calcem
Da cabeça aos pés, de cabo a rabo

Essa expressão refere-se ao corpo humano na sua totalidade, de uma extremidade a outra e literalmente significa "da cabeça ao calcanhar". Na prática, indica uma ação feita por completo ou um atributo conferido em sua integralidade, de forma enfática e superlativa.

A fortiori
Com razão mais convincente; com razão mais forte; com maior razão, com muito mais motivo

Destina-se a indicar uma afirmação que na lógica apresenta motivos ainda mais fortes para ser considerada verdadeira que a afirmação que a precede.

Amor tussisque non celatur
Amor e tosse não se escondem; Tosse, amor e febre ninguém esconde

A máxima em questão ensina que determinados processos em nossa vida se manifestam involuntariamente, isto é, independem de nossa disposição e fogem a nosso controle; sendo assim, não podem ser reprimidos tampouco ocultados por muito tempo.

A pedibus usque ad caput
Dos pés à cabeça

Tem uso e sentido similares ao da expressão
a capite (usque) ad calcem.

A posteriori
Depois de conhecer os resultados

Empregada quando se faz uma afirmação
estabelecida na verificação de uma experiência.

A priori
A princípio, tomando-se por base,
como pressuposto, de antemão

Utiliza-se essa expressão quando se faz uma
afirmação estabelecida sem verificação prévia.

A summis labris.
Da boca pra fora

Expressão empregada quando se quer dizer que as
palavras proferidas por uma pessoa não correspondem
ao que ela pensa, sente ou intenciona fazer. Literalmente:
"À flor dos lábios", "da ponta dos lábios".

A vestigio pedis usque ad verticem
Dos pés à cabeça

Ao pé da letra quer dizer "Da planta do pé até
o cume". Tem uso e sentido similares ao da
expressão **a capite (usque) ad calcem.**

Ab acia et acu.
Tim-tim por tim-tim

É com essas palavras que podemos nos expressar,
em latim, para dizer que algo foi, é, ou será feito nos

mínimos detalhes, em seus pormenores; literalmente quer dizer "Desde a linha e a agulha".

Ab asino lanam quaerere (ab asino lanam petere)
Procurar chifre em cabeça de cavalo

Expressão aplicável ao contexto das pessoas que intencionam provar ou encontrar algo impossível. Em latim significa, ao pé da letra: *"Procurar lã num burro"*.

Ab asse crescere
Surgir do nada

Expressão que sintetiza metaforicamente a situação de um indivíduo proveniente do nada, uma espécie de "Zé Ninguém", um ilustre desconhecido que em determinado momento experimenta uma ascensão (em princípio social e financeira) que passa a lhe conferir certo prestígio e notoriedade. Origina-se do fato de que **asse**, antiga moeda romana de cobre, foi perdendo valor, com o tempo, a tal ponto de se tornar sinônimo de 'valor insignificante'. Em português literal significa "Crescer de um asse".

Ab imis unguibus usque ad verticem summum
Dos pés à cabeça

Tem uso e sentido similares ao da expressão **a capite (usque) ad calcem**. Literalmente significa: "Das menores unhas até o mais alto cume".

Ab imo corde
Do fundo do coração

Essa expressão, que apresenta a variante **ab imo pectore** ("do fundo do peito"), é utilizada para afirmar a sinceridade de uma pessoa que diz exatamente aquilo que está sentindo.

Ab ovo
Desde o início, desde a origem

Aludindo ao significado literal: "Do ovo, desde o ovo", associa-se à noção do ovo como estrutura embrionária e primordial de algumas espécies animais, ou seja, como início e origem de algo.

Ab ovo (usque) ad mala.
De cabo a rabo

Em português, literalmente significa "Do ovo até as maçãs". Entre os romanos, era costume iniciar as refeições com um ovo e encerrá-las com uma fruta. Daí entende-se que essa expressão signifique "do começo ao fim".

Abire ad plures
Ir desta para melhor; Partir para junto de todos; Partir para a terra dos pés juntos

Trata-se simplesmente de uma forma eufemística de dizer que alguém morreu.

Abundans cautela non nocet
Cuidado e caldo de galinha não fazem mal a ninguém; Cautela em abundância não prejudica

Nas várias situações de nossa vida, toda cautela, mesmo exagerada, nunca é demais. Afinal, os perigos sempre nos cercam.

Ad armillum reverti
Voltar às origens

As pessoas e as coisas mudam apenas na aparência, pois tendem a retornar a sua condição original. Literalmente significa "Voltar à sua garrafa"; "Voltar a seus hábitos".

Ad hoc
Ad hoc

Significa "Para isso". Locução utilizada para indicação de uma finalidade temporária ou específica. Em português, é utilizada na sua língua de origem, ou seja, em latim.

Ad infinitum
Para sempre

Significa "Até o infinito"; "Sem fim". Há certas coisas neste mundo que se prolongam indefinidamente.

Ad Kalendas Graecas
No dia de São Nunca

Literalmente significa "Nas calendas gregas", "Nunca". Entre os romanos, **kalendae** designava o primeiro dia do mês; no mês grego não havia esse termo; trata-se, portanto, de expressão idiomática para indicar que um evento nunca se realizará.

Ad libitum (ad lib.)
À vontade

Ao bel prazer, à livre escolha. No teatro indica autorização para que o ator improvise; na música, liberdade para o músico executar uma peça no movimento que for de sua escolha. De modo geral, indica ação feita de modo livre, sem restrições.

Ad nauseam.
À saciedade

Emprega-se quando se faz uso repetido de um mesmo argumento. Literalmente significa "Até o enjoo", "Até enjoar".

Ad unguem
Perfeitamente

Literalmente significa "À unha". Remonta ao fato de os marmoristas verificarem o polimento do mármore com a ponta da unha. Ex.: **ad unguem factus homo**, ou seja, *homem feito à unha, homem perfeito.* Em latim ainda pode-se usar **in unguem**.

Ad usum delphini
Para uso do delfim; para uso do príncipe herdeiro

Designação de edições resultantes de censura, adaptações, correções. Essa expressão deriva do fato de, historicamente, na corte de Luís XIV, o duque de Montasieur ter sido responsável por preparar certas edições de textos clássicos em que não apareciam algumas passagens consideradas muito fortes para o uso do filho do rei, Delfino.

Aegroto dum anima est, spes est
Enquanto há vida, há esperança

"Enquanto há alma para o doente, há esperança". O adágio em questão remete à ideia de que a esperança move o ser humano e nunca deve ser abandonada. Possui algumas variantes em latim, como, por exemplo, **dum spiro spero** ("enquanto respiro, tenho esperança") e **dum vivis sperare decet** ("enquanto viveres convém esperar"), esta última de origem medieval.

Albus an ater sit nescire
Se lixar

Em português: "Não saber se é branco ou preto". Trata-se de idiomatismo que significa "ser indiferente ou não dar a mínima importância a algo ou a alguém".

Alicui sub cultro linquere
Estar com a corda no pescoço

"Deixar alguém sob a faca"; "Meter a faca no peito de alguém"; "Deixar alguém na miséria ou em situação extremamente perigosa ou difícil". A expressão tem sua origem explicada na imagem da vítima com a faca no pescoço, prestes a ser sacrificada, significando que alguém está em apuros.

Aliquid obtinere lacinia
Segurar alguma coisa pela extremidade

É um modo figurado de dizer que alguém não possui uma coisa com segurança.

Aliud ex alio malum
Um mal vem do outro

Equivale a dizer que uma desgraça nunca vem só. Apresenta na própria língua latina o correspondente **abyssus abyssum invocat** ("um abismo chama o outro").

Amantes, amentes
O amor é cego

Literalmente: "Amantes, dementes", aqui ou na Roma antiga. A paixão cega a razão ao impedir que as coisas sejam enxergadas com ponderação e serenidade.

Amicus usque ad aras.
Amigo até debaixo d'água

Significa "Amigo até os altares". Trata-se do amigo até as últimas consequências. Amigo pra valer, aquele que se mantém leal até os altares do sacrifício.

Amor vincit omnia
O amor tudo vence

O amor supera todas as adversidades. Contra a força do amor não há obstáculo que se mantenha inabalável.

Anno Domini (a.D.)
Depois de Cristo (d.C.)

"No ano do Senhor". Forma utilizada para indicar datas posteriores ao nascimento de Cristo. Antônimo: antes de Cristo (a.C.).

Ante meridiem (a.m.)
Antes do meio-dia

Forma usada como indicação das horas situadas entre a meia-noite e o último minuto antes do meio-dia. Opõe-se a **post meridiem (p.m.)**, que indica as horas do período vespertino e as do noturno até o último minuto antes da meia-noite. De ambas as formas empregam-se sempre as abreviaturas.

Antiquus amor cancer est
Um velho amor é um câncer

Quanto mais antigo é um amor, mais difícil é esquecê-lo.

Apud
Apud

Significa "Junto de" como elemento de bibliografia. Emprega-se para indicar que certa passagem citada não foi colhida na fonte original, mas em fonte secundária, que já a menciona. Em português, é utilizada em sua forma original, ou seja, em latim e itálico.

Aquam perdere
Gastar saliva

Em português significa "Desperdiçar água". Esse idiomatismo quer dizer "perder seu tempo"; todavia remete à situação específica do orador que fala inutilmente.

Aquila non capit muscas
A águia não caça moscas

Não é próprio das pessoas com grandeza de espírito se preocupar com ninharias ou questões sem importância.

Arbor ex fructu cognoscitur
Pela palha se conhece a espiga

Quer dizer também *Pelo fruto se conhece a árvore*. Muitas vezes é possível identificar a índole da pessoa por algumas de suas ações assim como a qualidade do todo pode ser verificada a partir de alguns de seus elementos.

Arenae semina mandare
Dar murro em ponta de faca

Literalmente significa "Semear na areia". Uma semente não germina na areia, ou seja, não dá frutos. Portanto, não adianta insistir em ideias inúteis ou em ações que não darão resultados.

Arrectis auribus
De orelha em pé

A expressão latina indica a ideia de máxima atenção e alerta e sua tradução literal em português é "Com as orelhas levantadas", cujo sentido é similar ao da expressão latina, embora indique estado de alerta com ideia acessória de desconfiança, preocupação e sobreaviso.

Asinus asinum fricat
Burro esfrega burro. Um burro coça outro

Essa máxima se aplica às pessoas que
trocam elogios de forma exagerada.

Asinus ad lyram
Um asno perto de uma lira

Expressão empregada por Cratino, referindo-se a
ouvintes incapazes de apreciar uma música.

Asinus in tegulis
Um burro no telhado

Você já imaginou um dia ver um burro sobre o
telhado de uma casa ou edifício? Muito mais do que
surpresa, seria motivo de enorme espanto. É o que
poderíamos chamar "um caso assombroso".

Assis facere (assis aestimare)
Não dar o valor de um asse. Não fazer caso

Trata-se de metáfora usada para se dizer que algo
não tem importância (para o significado da palavra
asse, ver nota à expressão **ab asse crescere**).

Audaces fortuna juvat
A sorte ajuda os ousados

Em nosso dia a dia são fartos os exemplos práticos de
que a coragem muitas vezes é premiada: quando se
arrisca, pode-se contar com o concurso da sorte.

Aurea mediocritas
Áurea moderação

Expressão muito ligada à escola literária do
Arcadismo, relacionada à tranquilidade do cenário

bucólico, em que não se experimentam sentimentos extremados, senão moderados, medianos.

Auri sacra fames
Execranda fome de ouro

Fala-se assim em relação ao comportamento da pessoa capaz de recorrer às ações mais baixas e repugnantes para enriquecer.

Auribus tenere lupum
Se ficar o bicho pega, se correr o bicho come

Literalmente significa "Segurar o lobo pelas orelhas", cujo significado seria dominar mal o inimigo, estar numa situação difícil, praticamente sem alternativas, uma vez que é tão perigoso segurar quanto soltar o lobo.

Avem albam videre
Ver um melro branco

Levando-se em conta que o melro é um pássaro de cor preta (macho) e predominantemente castanha (fêmea), dizer que alguém viu um melro branco equivalia, na Roma antiga, a afirmar que a pessoa se deparou com uma tremenda raridade. Em português, temos a expressão *Ser raro como uma mosca branca*, nessa mesma significação.

Barbam vellere mortuo leone
Em onça morta até cachorro mija

Significa "Arrancar a barba do leão morto". Essa expressão evoca a ideia de que diante de um adversário fragilizado todos se tornam valentes, mesmo os mais fracos.

Beati monoculi in terra caecorum
Em terra de cego quem tem um olho é rei

"Feliz do zarolho em terra de cegos". A sentença em questão, de origem medieval, ensina que uma pessoa, mesmo sendo limitada em suas habilidades, acaba tendo nítida prevalência e pode reinar absoluta num meio onde as pessoas lhe são inferiores em capacidade.

Beati pauperes spiritu
Felizes os pobres de espírito

Na tradução latina da Bíblia, são essas as palavras com as quais Jesus se refere às pessoas humildes, que reconhecem a insignificância do ser humano diante da grandeza de Deus.

Bellum pomum, qui rideatur alios
É o roto falando do rasgado; Ri-se o sujo do mal lavado

Significa "Belo fruto, que se ri dos outros". Essa expressão refere-se a um indivíduo que zomba de outro ou o critica por conta de um defeito que ele também possui.

Bipes asellus
Burrinho bípede

Expressão utilizada na antiguidade romana para classificar um indivíduo como imbecil.

Bis dat, qui cito dat
Quem cedo dá, dá duas vezes

Quer dizer "Doa em dobro aquele que doa com presteza". Um favor ou benefício prestado sem demora muitas vezes é mais útil e agradável do que aquele que vem com demora.

Bis discit qui docet
Quem ensina aprende duas vezes

Essa máxima se baseia no princípio de que o processo educativo é mútuo e envolve interação entre emissores e receptores do conhecimento. Nesse caminho de mão dupla, o professor não apenas ensina, mas aprende constantemente enquanto ensina. Tem como variante a sentença **docendo discimus** (*ensinando aprendemos*).

Bis pueri senes.
Velhice, segunda meninice

Ou seja: "Os velhos são crianças duas vezes". A máxima em questão sintetiza um pensamento bastante difundido e consagrado em vários povos e civilizações através dos tempos: envelhecer é tornar-se criança novamente.

Bonis nocet si quis malis pepercerit
Faz mal aos bons quem poupa os maus.
Perdoar ao mau é dizer-lhe que o seja.

Segundo a linha de pensamento transmitida por esse adágio, quem é complacente com as pessoas más comete grande injustiça para com as pessoas de bem.

Bonum vinum laetificat cor hominis
Um bom vinho alegra o coração do homem

Esse conhecido aforismo, inspirado em um trecho do Eclesiastes (40, 20), diz respeito às propriedades estimulantes do vinho, que, se ingerido com sabedoria e moderação, relaxa e descontrai.

Caelum, non animum, mutat qui trans mare currit
Asno que a Roma vá, asno de lá voltará

Significa "Muda de ares, não de espírito, quem atravessa o mar". De acordo com essa máxima, é estupidez imaginar que alguém modificará sua índole, suas atitudes ou seu comportamento simplesmente mudando de lugar.

Calamitas nulla sola
Uma desgraça nunca vem só

Nunca é demais procurarmos evitar ao máximo que um episódio desastroso nos ocorra. Afinal de contas, a darmos crédito ao provérbio, quando uma desgraça acontece a alguém, outras tantas se seguirão.

Calcem impingere alicui rei
Meter o calcanhar em alguma coisa; Dar um pontapé

É o mesmo que largar, abandonar alguma coisa, deixar algo de lado.

Candida de nigris et de candentibus atra facere
Virar o jogo

Significa "Transformar o negro em branco e a brancura em negrume". Essa expressão se encaixa no contexto de uma pessoa que logra modificar (em geral, em favor próprio) uma situação ou estados de coisas anteriormente desfavoráveis.

Canis caninam non est
Cão não come cão; Dois bicudos não se beijam

A máxima em questão se refere aos semelhantes que se unem em uma determinada situação e então procuram evitar confrontos entre si.

Canis mordens non latrat
Cão que ladra/late não morde

Esse adágio embute a crença de que uma pessoa que faz ameaças acaba não levando a cabo o prometido.

Canticum extorquere
Desfigurar uma canção

Na Roma antiga também existiam aquelas pessoas que ao cantarolar acabavam *atravessando a música*, ou cantavam mal o suficiente para *assassinar a canção* que entoavam.

Cantilenam eandem canere
A mesma história, a mesma cantiga

Significa "Cantar a mesma cantilena". Trata-se de expressão empregada ao se falar daquela velha história, sabida de todos, que é contada e recontada a ponto de se tornar enfadonha. Também se diz de um evento que ocorreu anteriormente e volta a acontecer. Quer dizer "ser repetitivo" ou simplesmente "repetir-se".

Capere crines
Juntar, arrumar os cabelos

Na Roma antiga, **capere crines** significava "casar-se" e aplicava-se exclusivamente às mulheres. Seu uso com esse significado tem explicação no fato de as matronas romanas terem um penteado diferente das mulheres solteiras.

Caro putida
Carne fedorenta

Tão desabonadoras palavras constituíam, na antiguidade romana, uma expressão com tom de insulto usada para nomear um sujeito palerma, imbecil, estúpido.

Carpe diem
Aproveite a vida

Significa "Colha o dia". Expressão cunhada pelo poeta romano Horácio[2] em uma de suas **Odes** (1,11,8), como exortação a que as pessoas aproveitem as situações favoráveis que se apresentam no momento presente, sem se desgastar em preocupações com o futuro.

Casus belli
Caso de guerra

Trata-se de indicação de um ato ou fato suficiente para que duas nações, cujas relações já se encontrem muito estremecidas, entrem em guerra.

Cave canem
Cuidado com o cachorro

Inscrição frequente nas entradas das casas romanas onde havia cães. De modo semelhante às atuais placas em que se lê *cão bravo*, serviam de advertência aos desavisados.

Cito rumpes arcum, semper si tensum habueris
Corda muito puxada arrebenta

Significa "Logo romperás o arco, se o mantiveres sempre tenso". Essa máxima constitui um grande conselho e ensinamento àquelas pessoas que se submetem a uma carga de esforço físico, e principalmente mental, intenso e prolongado. Em todas as atividades de nosso cotidiano é importante não exigirmos demais de nosso físico e de nossa mente; além

---

2   O poeta romano Horácio é considerado um dos expoentes da literatura ocidental. Tendo vivido entre 65 a.C e 8 d.C., escreveu poesia lírica e satírica, além de um livro indispensável para a compreensão da literatura antiga: a *Arte Poética*.

disso, é imprescindível que se reserve tempo para relaxarmos nosso corpo e nossa alma. Do contrário, o arco se rompe.

Clipeum post vulnera sumo
Casa roubada, trancas na porta

Quer dizer: "Eu pego o escudo depois do ferimento". O adágio acima nos ensina a importância de as pessoas se prevenirem antes de enfrentar um perigo e não se darem conta dos riscos apenas quando tudo já tiver acontecido, os transtornos já tiverem sido causados e então for tarde demais.

Compressis manibus sedere
Estar de braços cruzados

Trata-se de uma expressão empregada para indicar ociosidade ou inatividade. Significa "Sentar-se com as mãos cruzadas".

Concordia parvae res crescunt, discordia maximae dilabuntur
A união faz a força

Ao pé da letra: "Com harmonia, as coisas pequenas crescem, com discórdia, as maiores se dissipam". Não faltam máximas em latim para designar os grandiosos e benéficos resultados possíveis a partir da soma de forças entre as pessoas. Encontra equivalência em **concordia civium, murus urbium** ("a harmonia entre os cidadãos é a muralha das cidades").

Conditio sine qua non
Condição sem a qual não

Expressão que indica uma circunstância ou condição indispensável para que ocorra determinado evento. Em português, a frase é empregada em latim, geralmente, em itálico.

Conscientia sceleris timorem incutit
Quem não deve não teme

Significa "A consciência do crime incute medo".
Para que recear a verdade quando não se fez nada
de errado? É o que nos transmite essa máxima.

Consummatum est
Está consumado

No texto da versão em latim do evangelho de São João
(19,30), estas foram as últimas palavras pronunciadas
por Jesus Cristo na cruz: *Está tudo acabado*.

Cornicum oculos configere
Furar os olhos das gralhas

Na Roma antiga, a expressão indicativa de
tal proeza representava metáfora da ação
de enganar até os mais espertos.

Corrigenda
Corrigenda

Significa "Aquilo que se deve corrigir". Texto ou
documento em que estão listadas informações
erradas ou erros publicados anteriormente e que
devem ser corrigidos. Sinônimo de **errata**.

Corrumpunt bonos mores colloquia prava
Más conversas corrompem bons costumes

Quem intenciona preservar a boa índole e cultivar a
retidão de caráter deve tomar muito cuidado com as
companhias de que se cerca e deve estar atento ao
meio em que vive. Afinal, conforme ensina um dito
equivalente, *quem com lobos anda aprende a uivar*.

Cum grano salis
Com o pé atrás

Literalmente quer dizer "Com uma pedrinha de sal". Expressão utilizada para indicar que algo é feito com certa ressalva.

Cum laude
Com louvor

"Digno de louvor", "merecedor de elogios". Menção honrosa com que estudantes são graduados em alguns cursos de nível superior. Indica o nível de distinção acadêmica com que um aluno obtém o grau acadêmico (graduação). Há ainda duas menções acima dessa: **magno cum laude** (*com grande louvor*) e **summa cum laude** (*com o máximo louvor*).

Cum mula peperit
Nem que a vaca tussa

Ou ainda: *Quando a mula der cria* e *Quando as galinhas tiverem dentes*. Expressão empregada para indicar algo impossível de acontecer.

Currente calamo
Currente calamo

Ao pé da letra que dizer "Ao correr da pena". Indica algo escrito numa única penada, sem meditação, de forma improvisada. E ainda: rapidamente e sem muita reflexão. Em português, utiliza-se em latim, geralmente em itálico, em frases do tipo: "uma crônica escrita **currente calamo**".

Curriculum vitae
Curriculum vitae

Significa "Carreira da vida". É um documento no qual estão reunidos dados pessoais de um indivíduo, sua formação escolar, experiência profissional, seus trabalhos produzidos e serve como comprovação dos estudos e trabalhos realizados, geralmente utilizado para que alguém possa se candidatar a uma vaga de emprego ou prestar um concurso.

Dare colla triumpho
Dar os pescoços ao triumpho (do outro)

Expressão originária do contexto militar, que significa "ser vencido, derrotado, perder uma batalha". A palavra **colla** aparece como símbolo da servidão do derrotado, em contraposição a **triumpho**, que indica o êxito do oponente vitorioso.

De calcaria in carbonariam pervenire
Ir de mal a pior

Significa "Sair do forno de cal e acabar no de carvão". Em latim, quando se diz que alguém sai do forno de cal para o de carvão, quer dizer na verdade que a pessoa está em situação cada vez pior. Existe também a expressão sinônima *Saltar das brasas e cair nas labaredas*, em português.

De gustibus et coloribus non est disputandum
Gosto não se discute

Traduzindo ao pé da letra: "Gostos e cores não se discutem". Esse conhecido provérbio latino com equivalentes em várias línguas nos ensina que as preferências desenvolvidas por cada indivíduo ao longo de sua vida são muito pessoais e não possuem explicação que se resolva num debate ou discussão. Seja na predileção pelo grupo musical ou cantor, seja na adesão a determinado clube de futebol, ou na escolha por uma profissão, prato ou estilo de se vestir, não tem jeito: quando as divergências afloram, é bom ter em mente que *gosto não se discute*.

Dejecta quivis arbore ligna legit
Em pau caído todo mundo faz graveto

Reza esse dito que, diante de um adversário fragilizado, qualquer um é capaz de se tornar valente. Ao pé da letra, significa "De árvore caída todos fazem lenha".

De mortuis nil nisi bene
Depois de morto vira santo

Quer dizer: "Sobre os mortos não se fale senão o bem". Você alguma vez já deve ter presenciado alguém sendo repreendido por falar mal de um morto. Pois bem! Não é incomum que nas comunidades humanas através dos tempos as pessoas costumem tratar os falecidos (mesmo aqueles que em vida tiveram conduta duvidosa) com misto de respeito, recato e reverência de fazer inveja aos vivos. No Brasil, quando o que se fala de uma pessoa depois de seu passamento não condiz com o que se afirmava dela enquanto viva, emprega-se, usualmente essa expressão.

Deo gratias
Graças a Deus

Fórmula pronunciada na liturgia da missa em latim, após o encerramento de cada uma das duas leituras, assim que são ditas as palavras **verbum Domini** ("palavra do Senhor").

Deo volente
Se Deus quiser

Dispensa comentários mais detalhados, uma vez que é equivalente praticamente perfeito, na tradução e no significado, da expressão brasileira *se Deus quiser*.

Deus ex machina
Deus surgido da máquina

Expressão cunhada para o teatro, numa situação extremamente complicada e que não se podia resolver senão pelo apelo a um deus que aparecia dos céus. Essa solução era artificial, evidentemente, e na prática teatral ocorria por meio do recurso a um guindaste (**machina**) que trazia dependurado um ator caracterizado como um determinado deus.

Digitum proferre
Fazer alguma coisa

Erguer o dedo. Mover o dedo, não ficar de braços cruzados.

Dignus barba capillisque majorum
Digno da barba e dos cabelos dos antepassados

Dizia-se do homem honesto, reto, íntegro quanto ao caráter e, por isso, pessoa muito confiável. A menção aos **maiores** ("antepassados") como parâmetro das condutas morais mais nobres se explica no tradicionalismo romano que estabelecia no **mos maiorum** ("costume dos antepassados") as bases dos princípios essenciais norteadores dos modelos de comportamento e das práticas sociais do romano antigo durante séculos.

Dirigere brachia contra torrentem
Nadar contra a maré

Remar contra a maré. Nadar contra a corrente. "Dar braçadas contra a corrente". Diz-se, em latim, que alguém dá braçadas contra a corrente quando um indivíduo sustenta opinião contrária ao senso comum ou diversa da linha de pensamento da maioria; também se aplica a quem tenta enfrentar obstáculos de grandes proporções.

Divide et impera
Divide e impera

Se você tem inimigos que o ameaçam, então faça com que eles se voltem uns contra os outros, ou ao menos impeça que eles se unam contra você; assim, será mais fácil derrotá-los. Trata-se de máxima provavelmente medieval ou renascentista, que tem como variante **divide ut regnes** ("divide para que reines").

Donec eris felix, multos numerabis amicos
Enquanto fores feliz contarás muitos amigos

Nos momentos de prosperidade não faltam nem "amigos", nem elogios, nem tapinhas nas costas, tampouco as manifestações de lealdade, consideração e camaradagem. A verdadeira amizade, no entanto, só se reconhece inequivocamente nas circunstâncias desfavoráveis, uma vez que nos infortúnios os falsos camaradas costumam desaparecer. A frase é de autoria do poeta romano Ovídio e aparece no poema *Tristia* (I,9,5).

Dramatis personae
As personagens do drama

Essa expressão era utilizada antigamente como título que precedia a relação das personagens de uma peça teatral.

Dulce et decorum est pro patria mori
É doce e honroso morrer pela pátria.

Famoso verso do poeta romano Horácio, no qual se exalta a morte em batalha como um valor cívico dos mais nobres. O motivo do patriotismo está universalmente difundido na literatura de todos os tempos, em todos os lugares.

Eandem incudem diu noctuque tundere
Bater na mesma tecla

Literalmente: "Bater dia e noite na mesma bigorna". Quem nunca se pegou retomando um assunto mais de uma vez, ou desenterrando de forma insistente uma questão já debatida? Pois é exatamente esse o significado da expressão latina.

Ejusdem farinae; ejusdem furfuris
Da mesma laia; farinha do mesmo saco

Da mesma farinha; do mesmo farelo. Essa expressão é usada para caracterizar duas ou mais pessoas como tendo a mesma índole, os mesmos comportamentos ou valores morais muito semelhantes. Apresenta, em geral, matiz pejorativo.

Elephantum e musca facere
De um argueiro fazer um cavaleiro

Significa "Fazer de uma mosca um elefante". Tem-se aqui uma expressão idiomática muito apropriada a ser utilizada quando se quer dizer que alguém está dando importância exagerada a algo sem relevância.

Eripere turpi colla jugo
Tirar os pescoços do torpe jugo

Libertar-se, escapar. Tal como na expressão **dare colla triumpho**, o vocábulo **colla** também aqui aparece como símbolo da servidão, neste caso específico representando o aprisionamento do qual se está saindo. Essa frase consta em um trecho das *Sátiras* do poeta Horácio (II,7,92) na forma **eripe turpi colla jugo** ("tira os pescoços do torpe jugo").

Errare humanum est
Errar é humano

Conhecidíssimo adágio que uns fazem derivar do escritor romano Sêneca, outros de Santo Agostinho e outros ainda de São Jerônimo. O correspondente brasileiro *errar é humano* é uma tradução exata do latim e aplica-se às mesmas situações como indicativo de que o ser humano é passível de falhas, sendo, portanto, natural errar, mas reprovável a persistência nos erros. Muitos brincam com a língua e escrevem "herrar é umano".

Errata
Erros

Literalmente: "coisas erradas". Conjunto de anotações de erros de imprensa à guisa de correção e que, evidentemente, só foi possível realizar-se depois de impressa uma obra. (Sinônimo: **Corrigenda).**

Et alii (et al.)
Et alii (et al.)

Significa "E outros" e é usada para citar apenas um dos autores de uma fonte que tem mais de dois autores. Empregada como elemento de bibliografia.

Etc.
Etc.

É o resultado da abreviatura da expressão latina **et cetera**, que significa exatamente "e outras coisas".

Ex abrupto
De improviso, intempestivamente

Situação em que um texto, um discurso trata diretamente de seu assunto sem prepará-lo por meio de uma introdução.

Ex cathedra
De cadeira

Qualificação de um parecer, uma opinião de especialista máximo em determinado assunto.

Ex ungue leonem
Pelo dedo se conhece o gigante

"Pela unha conhecemos o leão". Às vezes não há necessidade de conhecermos tudo ou muito de uma obra ou feito para que saibamos quem é seu autor: um mero detalhe acaba sendo suficiente.

Excitare fluctus in simpulo
Provocar uma tempestade num copo d'água

Curiosamente a conhecidíssima expressão em língua portuguesa é a exata tradução da forma latina. Além disso, ambas têm o mesmo significado e se aplicam a denominar o espalhafato causado por motivo irrelevante.

Exegi monumentum aere perennius
Concluí um monumento mais perene que o bronze

Verso inicial da última ode do Livro III do poeta Horácio, em que é possível verificar uma bela analogia entre a durabilidade do bronze e o ideal da imortalização almejada pelo artista por meio do legado da obra deixada por ele.

Exempli gratia (e.g.)
Por exemplo

Essa locução é comumente empregada por meio de sua abreviatura (e.g.), especialmente em textos mais formais ou técnicos. É o mesmo que **verbi gratia**.

Experientia docet
A experiência ensina

A experiência é a mestra por excelência de tudo na vida. É a vivência, a prática, o costume. É, enfim, a bússola que sempre serve de orientação a ações, condutas e tomadas de decisões.

Extra ecclesiam nulla salus
Fora da Igreja não há salvação

Axioma muito difundido ao longo da história do Cristianismo, fundamentado na ideia de que a Igreja Católica é a única depositária da verdade e de que nela está o único caminho possível para a salvação.

Facilis ad lubrica lapsus est
Quem entra na chuva é pra se molhar

"É fácil cair onde se escorrega". Tanto o provérbio latino como o português traduzem a ideia de que é necessário suportar as consequências dos próprios atos. De modo mais específico, ensinam que a exposição aos riscos aumenta a possibilidade de a pessoa se ver diante de grandes problemas.

Feriuntque summos fulgura montes
Raio não cai em pau deitado

"E os raios atingem os montes mais altos". Quem almeja as vantagens e benesses da fama, glória, prestígio, dinheiro ou poder deve se cuidar; *estar na crista da onda* significa também estar mais exposto a maiores reveses.

Ferrum ferro acuitur
Uma faca amola a outra

É uma das máximas empregadas para definir a troca de favores não raras vezes escusa que permeia comumente os bastidores da luta por poder, ou para indicar aquela ajuda recíproca entre pessoas que buscam varrer para debaixo do tapete algo de errado que fizeram, com o intuito de se livrarem de encrenca. Tem como equivalente o provérbio **Manus manum lavat** (*uma mão lava a outra*).

Fervet olla, vivit amicitia
Enquanto há figos, há amigos

Literalmente quer dizer: "Enquanto ferver a panela vive a amizade". Correspondente de **Donec eris felix, multos numerabis amicos**.

Festinare nocet
A pressa é inimiga da perfeição

Apressar-se prejudica. O provérbio é um alerta àqueles que, ao empreender alguma atividade, priorizam a rapidez em detrimento da cautela e da ponderação.

Flamma de stipula
Fogo de palha

Diz-se *fogo de palha* da pessoa com empolgação efêmera, com entusiasmo de curta duração, do qual após algum tempo acabam restando apenas cinzas.

Fortes fortuna adiuvat
Quem não arrisca não petisca

Literalmente: "a fortuna ajuda os corajosos". O medo do fracasso faz, por vezes, com que muitas pessoas prefiram deixar a ousadia de lado ao longo de suas vidas. No entanto, a sorte convida a ousar, pois há coisas neste mundo que não podem ser obtidas sem que se corram riscos.

Fortuna caeca est
A sorte é cega

A fortuna soberana não pode ser controlada pelo homem e impele todas as coisas para caminhos incertos e imprevisíveis.

Fugere urbem
Fugir da cidade

Expressão muito ligada à escola literária do Arcadismo e que indica a preferência por um cenário bucólico, campestre, opostas às condições da cidade.

Fugit irreparabile tempus
O tempo não para

"Foge irreparavelmente o tempo...". Frase usada para indicar a constatação de que o tempo voa, não volta mais e com ele vamos nós, em nossa fugaz e efêmera existência. De autoria do poeta romano Virgílio (**Geórgicas**, III, 284) essa afirmação se aplicava originariamente ao contexto mais específico do agricultor laborioso que não percebe o passar do tempo.

Gallum in suo sterquilino plurimum posse
Em sua casa cada um é rei

O galo tem grande poder em sua esterqueira. Esse provérbio serve para indicar que cada um é o senhor dentro dos limites de seu próprio território ou de sua casa, mesmo que seja fraco fora deles.

Graeca fides
Má-fé

"Fé grega". Essa expressão indica deslealdade, falsidade e perfídia; surgiu da ideia que os romanos antigos tinham de que os gregos não eram confiáveis na palavra dada (ver **Punica fides**).

Grosso modo
Grosso modo

Significa "de maneira geral", mas é utilizada em português na variante latina, em itálico. Locução adverbial utilizada não apenas em português, como também em outras línguas ocidentais. Uma informação dada **grosso modo** é aquela em que se transmitem dados mais gerais, descartando-se minúcias e pormenores.

Gula plures occidit quam gladius
De grandes ceias estão as covas cheias

"A gula mata mais que a espada". Esse dito medieval alerta sobre o poder destrutivo que o vício dos excessos na mesa exerce sobre a saúde e a vida das pessoas: esse pecado capital leva à morte mais gente do que a guerra.

Gutta cavat lapidem
Água mole em pedra dura tanto bate até que fura

Significa, literalmente, "a gota cava a pedra". Nem mesmo a solidez e a robustez da pedra resistem ao pingar constante e ininterrupto da gota d'água. Essa máxima ressalta o valor da persistência, da perseverança, da insistência e da tenacidade. Nada resiste a elas.

Habeas corpus
Habeas corpus

Significa "Tenhas o (teu) corpo". Em termos judiciais, é quando uma ação garante a um indivíduo seu direito de liberdade de locomoção. Em português, é utilizada na variante latina, em itálico.

Habemus Papam
Temos Papa

Um novo Papa foi eleito (pelo conclave de cardeais do Vaticano). A frase em questão faz parte do cerimonial do Vaticano. Assim que o novo sumo pontífice é eleito pelo conclave, é feito o anúncio oficial, em latim, para os fiéis presentes na Praça de São Pedro. Esses dizeres introduzem o anúncio da boa-nova.

Habet haec res panem
Essa coisa tem pão; Isso dá camisa

Diz-se da profissão que não apenas assegura o pão de cada dia, como também garante retorno financeiro e permite que se consiga estabilidade financeira.

Hic et nunc
Aqui e agora

Neste exato instante e local. Expressão muito ligada à escola literária do Arcadismo, que atribui um destaque ao tempo presente e ao lugar onde se vive esse momento, efêmeros, frágeis, nem sempre sustentáveis por sua condição finita.

Hic jacet lepus
Aí é que a porca torce o rabo

E ainda: *É aqui que a coisa pega*, *Aqui é que se esconde a lebre*. Refere-se àquele ponto de um problema em

que as coisas se complicam e criam obstáculos a uma
solução. Equivale a dizer "aqui está a dificuldade".
Outra expressão latina com o mesmo sentido é **Hic
haeret aqua** ("é aqui que a água pega").

Historia magistra vitae
A história é mestra da vida

Pensamento formulado nessas palavras por Cícero,[3] na obra
De Oratore (II, 9, 36). Atualmente, costuma ser empregada
para lembrar a importância de se conhecer e estudar
os acontecimentos do passado como fonte para melhor
compreensão do presente e como lição para o futuro.

Homo homini lupus
O homem é o lobo do homem

Pessimista ou realista – como quer que seja – esse provérbio
dá a ideia clara da voracidade lupina com que muitas
vezes um ser humano é capaz de passar por cima de outro,
usando de deslealdade e perversidade para prejudicar
ou destruir o semelhante, motivado por ganância, inveja,
desejo de vingança, ou outras razões repulsivas.

I.N.R.I.
Jesus Nazareno Rei dos Judeus

Abreviação da expressão escrita em latim, **Iesus
Nazarenus Rex Iudaeorum**, e que se acredita ter
sido afixada à cruz em que Jesus Cristo foi pregado.

---

3 Cícero foi escritor, orador e filósofo romano. Viveu entre 106 e 43 a.C.

Ibidem (ibid.)
Ibidem (ibid.)

Significa "No mesmo lugar". Usa-se na forma latina como elemento de bibliografia quando há menção a um mesmo autor já citado, porém em outro ponto da fonte.

Idem (id.)
Idem (id.)

Significa "O mesmo". Expressão utilizada com o escopo de evitar que se repita a referência a um autor já citado no mesmo texto, emprega-se como elemento de bibliografia.

In alio peduclum uides, in te ricinum non uides
No outro você vê um piolho; em você, não vê um carrapato

E também: "Você não vê a trave que tem no olho e vê o cisco no do vizinho". Essa admoestação procura chamar a atenção para o costume de o ser humano ser complacente com os próprios erros, não enxergando seus próprios defeitos, mesmo que graves, e reparar de modo mais crítico e rigoroso nos pequenos defeitos alheios.

In aure admonere
Aconselhar ao pé do ouvido

E ainda: "Dizer no ouvido; aconselhar no ouvido". Diz-se da atitude de quem diz algo em segredo, discretamente.

In cauda venenum
O veneno está na cauda

Alusiva ao escorpião, essa expressão era empregada em relação à carta ou discurso inofensivos na aparência, mas pérfido em seu final.

In cinerem vertere
Reduzir a cinzas

Quer dizer: "Transformar em cinzas". Tanto em latim como em português, significa "transformar em nada, destruir, aniquilar, devastar".

In dextram aurem dormire
Dormir como uma pedra

Dormir sobre a orelha direita. Na Roma antiga, dizer que uma pessoa *dormia sobre a orelha direita* equivalia a dizer que ela dormia profundamente.

In digitis hodie percoquere quod ceperit
Gastar no almoço o sal da janta

"Cozinhar nos dedos aquilo que tiver obtido hoje"; "Viver da mão pra boca". Usa-se essa expressão em referência a uma pessoa que se encontra em estado de penúria, ou que vive na miséria.

In illo tempore
Naquele tempo

Expressão encontrada em diversas passagens do texto do Evangelho em latim. Indica um fato ocorrido em um momento indeterminado no passado em relação à narrativa. Era comum aparecer como expressão introdutória nos textos das leituras do Evangelho na época em que as missas eram celebradas em latim.

In mare fundere aquas
Levar as águas para o mar

É o mesmo que fazer um trabalho inútil e, portanto, perder tempo. Outra expressão idiomática latina com esse mesmo significado é **In segetem spicas fundere** ("levar espigas para a seara").

In medio sedet inclita virtus
No meio reside a ínclita virtude

A pessoa virtuosa é aquela que procede com moderação, serenidade, ponderação, evita os extremos e busca a conciliação dos opostos e o meio termo, tanto no aspecto moral como no tocante ao comportamento.

In memoriam
Em lembrança de

Locução adverbial que aparece nas páginas iniciais de livros ou trabalhos escritos e impressos de forma geral, como dedicatória *em memória* de alguém já falecido. Deve-se prestar atenção para o fato de que a forma **in memorian** é errônea e não existe em latim.

In propria pelle quiescere
Aquietar-se na própria pele

Expressão idiomática que significa estar satisfeito com a própria vida ou contentar-se com a própria sorte.

Inritare crabrones
Cutucar onça com vara curta

Significa "Irritar os vespões". Diz-se da conduta da pessoa que, numa situação de tranquilidade, procura incitar uma perturbação que pode despertar reação agressiva de outro indivíduo, com consequências imprevisíveis contra quem a provocou.

Inter vepres rosae nascuntur
Não há rosa sem espinhos

E também: *Entre espinhos nascem rosas* e *Não há carne sem osso, nem farinha sem caroço.*
Essa sentença ensina que as conquistas e as coisas positivas da vida não chegam sem sacrifício.

In vino veritas
No vinho (está) a verdade

O vinho inebria e um indivíduo embriagado pode se tornar um poço de sinceridade ilimitada, ao falar sem travas na língua coisas que em condições normais ele consideraria inconfessáveis. Há pessoas que, sob o efeito do vinho, oferecem excelente ocasião para descobrirmos o que elas realmente pensam sobre amigos, parentes e conhecidos.

In vitro
No vidro

Expressão do campo das biociências e que se refere aos experimentos feitos *em tubo de ensaio,* fora dos sistemas vivos, em ambientes condicionados e controlados dentro de laboratórios.

Intelligenti pauca
A bom entendedor meia palavra basta

Ou seja: "Ao inteligente (bastam) poucas palavras"; a pessoa inteligente não necessita de muitas palavras para entender uma mensagem. Essa máxima é comumente empregada em tom de advertência ou mesmo de ameaça.

Inter duos litigantes tertius gaudet
Entre dois litigantes um terceiro se regozija

Emprega-se numa situação em que uma pessoa tira vantagem da desavença entre duas outras.

Inter os et offlam multa intervenire posse
Da mão à boca se perde a sopa

Entre a boca e o bocado muitas coisas podem se intrometer. Nem sempre a coletividade conhece todas as circunstâncias e interesses envolvidos nas decisões do poder.

Inter pocula
Entre copos

Enquanto se bebe, entre um copo e outro. Numa conversa informal é possível que surjam grandes ideias.

Ipse mihi asciam in crus impegi
Cravei um machado em minha própria perna; Caí na própria armadilha

Às vezes tomamos certas decisões com que nós mesmos nos prejudicamos.

Ira furor brevis est
A ira é uma breve loucura

A ira passa rapidamente, pelo que devemos esperar um pouco para não tomarmos decisões subjugados pela paixão do momento.

Iungere capreas lupis
Juntar as cabras com os lobos.

Tentar fazer o impossível, unir o inconciliável. Nem sempre é possível agradar a todos o tempo todo.

Justitia est anima legis
A justiça é alma da lei

Toda lei baseia-se no princípio de ser a mais adequada possível para a sociedade como um todo.

Lacte gallinaceum inuenire
Encontrar leite de galinha

Encontrar o impossível. Emprega-se essa expressão quando o que se busca é algo totalmente fora da realidade.

Lato sensu
Em sentido amplo

Entenda-se em sentido aberto (opõe-se a **stricto sensu**). Essa expressão aplica-se a um entendimento o mais genérico possível de uma situação.

Linguam caninam comedere
Comer a língua de um cachorro

Ser desbocado, falar francamente, sem rodeios. Não ter papas na língua. Aplica-se àqueles indivíduos que sempre têm algo ferino a dizer.

Lis litem parit
Briga gera briga

Assim como a paz promove cada vez mais a paz.

Litus arare
Lavrar uma praia

Fazer um trabalho inútil, sem pé nem cabeça. Levantar ingentes esforços para nenhum resultado.

Loco citato (loc. cit./*elemento de bibliografia*)
No trecho citado

Evita-se repetir a referência a um determinado trecho já citado. Emprega-se para que o nome de uma obra não apareça muitas vezes, desnecessariamente, e torne o texto enfadonho.

Locus amoenus
Lugar aprazível

Expressão muito ligada à escola literária do Arcadismo para indicar um cenário comum a essa poesia: frugal, tranquilo, fértil.

Lupos apud oves linquere
Deixar os lobos perto das ovelhas

Pôr a raposa pra tomar conta do galinheiro. Indica que certos indivíduos, postos a guardar certos bens, fazem justamente o contrário, roubam-nos, aproveitando-se do erro de quem lhes atribuiu aquela tarefa e aproximou o ladrão do bem desejado.

Lupus in fabula
Falou no diabo, aparece/apareceu o rabo;
Fala no mau, prepara-lhe o pau

O lobo aparece justamente quando se fala dele; na comédia *Adelfos*, de Terêncio[4], a expressão é empregada quando uma personagem se surpreende com a aparição de uma outra pessoa de quem ela estava falando. Literalmente significa "O lobo na fábula".

---

4   Públio Terêncio Afer (195 – 159 a.c.) foi um importante dramaturgo romano, escritor de comédias.

Maiores maxillae
Grandes mandíbulas

Refere-se àqueles que amealham tudo para si, graças ao poder político ou econômico; são os chamados "grandes tubarões".

Malam parram pilare.
Comer o pão que o diabo amassou

Ou ainda: *Depenar a maligna ave de mau agouro*; *ver o urubu voar de costas.* Refere-se a situações muito difíceis pelas quais passamos um dia.

Mali corvi malum corvum
Tal pai, tal filho

Significa, literalmente, "De corvo ruim o ovo (é) ruim". Indica que não se deve esperar milagres de fontes desqualificadas.

Malo quod teneo quam quod spero
Antes um pássaro na mão do que dois voando

Ou seja: Prefiro o que tenho ao que espero ter. É melhor garantirmos aquilo que já conquistamos que esperarmos por algo com que apenas sonhamos.

Manum de tabula
Tirar a mão da tábua

Abandonar uma carreira, retirar-se de uma atividade, retirar-se do jogo. Nem sempre as coisas se dão como esperamos: às vezes é preciso retirar o time de campo e começar tudo de novo.

Manus manum lauat
Uma mão lava a outra

Literalmente: "A mão lava a mão". Como se diz frequentemente em política, "é dando que se recebe".

Mare caelum confundere
Mover céus e terras

Juntar o mar e o céu. Tentar o impossível para obter algo. Fazer esforços incríveis para obter sucesso numa empreitada.

Maria et montes polliceri
Prometer mundos e fundos

"Prometer mares e montanhas". Isto é, prometer mais do que se tem condições de oferecer.

Matus esse
Estar de fogo

Estar encharcado. Estar bêbado, estar mamado.

Melius abundare quam deficere
Melhor pingar do que secar

Antes abundar do que faltar. Antes mais do que menos.

Mero meridie dicere tenebras esse
Em pleno meiodia dizer que está escuro

Ou seja, dizer algo absurdo, inconcebível: um burro no telhado, um boi voador.

Mihi aqua haeret.
É quando a água bate na bunda que se aprende a nadar

Significa a água está pegando em mim; estou em maus lençóis; estou numa situação difícil.

Modus vivendi
Modo de viver; estilo de vida

Aplica-se quando duas partes encontram-se em litígio mas estabelecem um acordo de cessão

mútua que resulta numa situação, ainda que
provisória, respeito aos limites de cada uma.

Mora omnis odio est sed facit sapientiam
A pressa é inimiga da perfeição

Toda demora é detestável, mas faz a sabedoria. Cautela
e caldo de galinha nunca fizeram mal a ninguém.

Morboniam abire jubere
Mandar às favas

Mandar ir à Morbônia, literalmente. Há
também: *mandar para o diabo.*

Mu non facere
Não dar um pio

Literalmente: Não fazer 'mu'. Há também *não abrir a boca.*

Mulier quae mulier miluinum genus
Mulher que é mulher tem a natureza do milhafre

Diz a anedota popular: quer conhecer sua namorada? Case-
se com ela... Quer conhecer sua esposa? Separe-se dela!

Mutatis mutandis
Alterando-se o que é necessário alterar

Feitas as mudanças necessárias, feitas as adaptações
pertinentes, determinado exemplo servirá para a
situação. Ou: guardadas as proporções...

Nare sine cortice
Voar com as próprias asas

Nadar sem cortiça. Vencer com o suor do próprio rosto.

Natura non facit saltus
A natureza não dá saltos

Na natureza não há fatos isolados, tudo trabalha em harmonia, em evolução contínua.

Navibus et quadrigis
Com unhas e dentes

Literalmente: "Com naus e quadrigas". Ainda: *A ferro e fogo*, ou seja, esforçar-se por todos os meios para obter algo.

Navita de ventis, de tauris narrat arator
Fala o marinheiro sobre os ventos, sobre touros o lavrador

Isto é, meta-se com sua vida: cada macaco no seu galho.

Ne digitum quidem porrigere
Não estender sequer o dedo

Não fazer o menor esforço para nada. Aplica-se aos indivíduos que nada fazem pela coletividade, vivem do esforço alheio, "não movem uma palha sequer".

Ne ullum pilum viri boni habere
Não ter nem um pelo de um homem honesto

Ter uma péssima fama.

Nec plus ultra
Nada mais além

Ponto para além do qual não se deve ou não se consegue passar. Indica também o que não há nada de melhor além de uma determinada situação ou do que um indivíduo.

Nesciebamus semel unum singulum esse
Não sabíamos que um vezes um é um

Não saber que dois e dois são quatro. Isto é, estar totalmente "fora do ar", totalmente alienado.

Nescire quot digitos habeat in manu
Estar desligado, alienado

Não saber quantos dedos há na mão. Sentido semelhante ao da expressão **Nesciebamus semel unum singulum esse.**

Nihil novi sub sole
Não há nada de novo sob o sol

Como se diz, o homem vai permanecendo o mesmo, sem grandes alterações de caráter, agindo da mesma forma para com seu semelhante, em geral com uma atitude egoísta.

Nihil obstat
Nada obsta, impede, dificulta

É expressão em geral empregada pela Igreja Católica quando dá seu aval para que determinada obra ou texto seja publicado por seus órgãos competentes.

Noctuas Athenas mittere
Chover no molhado

Literalmente: "enviar corujas a Atenas", em que a coruja era o símbolo da própria Atenas. Significa "Dar a alguém algo que sobra na região onde vive e de que obviamente não necessita". No mesmo sentido, ter para com alguém uma atitude claramente desnecessária. Indica, pois, redundância.

Non bene cum sociis regna Venusque manent
Amor e senhoria não querem companhia

Reinado e amor não combinam com nada. Mandar não quer par. Amor e poder: a reunião de instâncias tão diferentes, mas às vezes tão interligadas, causam incomensuráveis problemas.

Non semper Saturnalia erunt
Não serão sempre Saturnais

As Saturnais eram uma festividade romana em honra a Saturno, durante a qual as pessoas extravasavam alegria, além de esquecerem diversas distinções e convenções sociais. Mal comparando, seria o carnaval da Roma antiga. Assim, essa expressão quer dizer "Tá pensando que é carnaval?" ou "Nem todo dia é dia santo", ou "nem todo dia é dia de festa".

Non valere lotium suum
Não valer o próprio mijo

Ser pessoa absolutamente desprezível. Bem se diz: fulano não vale o que come. Não vale um tostão furado.

Nummos modio metire
Medir moedas a alqueires

Diz-se invejosa e hiperbolicamentemente: ele conta dinheiro aos baldes, a rodo, é muito rico.

Nunc est bibendum.
Agora é beber

Com essa frase o poeta romano Horácio (séc. I a.C.) inicia um de seus poemas. Hoje em dia a expressão pode ser usada para indicar um momento de grande alegria e felicidade que faz jus a ser celebrado. Vamos comemorar, ou melhor, como o MPB4 cantou Gonzaguinha em *Bons tempos, hein?!*, "botou um sorriso na fome e se mandou pro bar, esqueceu o cansaço da luta e foi lá, bebemorar"... Pode também ser empregada especificamente durante uma refeição ou um banquete, quando se faz o convite para as pessoas presentes brindarem.

Nunquam periclum sine periclo vincitur
Nunca se vence o perigo sem perigo.

Vale lembrar que "é impossível fazer omeletes sem quebrar os ovos..." É como se diz: "quem não arrisca não petisca".

O tempora! o mores!
Ó tempos! Ó costumes!

Foi o lamento de um romano ultraconservador: em peças oratórias chamadas **Catilinárias**, Cícero acusa Lúcio Sérgio Catilina de projetar um golpe de estado. Daí se explica o fato de essa exclamação ser empregada como expressão do descontentamento com a degradação e a corrupção moral de uma época em que se esteja vivendo.

Obstruere aures
Tapar os ouvidos

Tornar-se insensível. Não querer discussões, ser intransigente, ou, como se diz, "fazer ouvidos moucos".

Obtorto collo
De pescoço torcido

Fazer algo de má vontade, a custo, a contragosto.

Occasio furem facit
A ocasião faz o ladrão

Diz-se da influência que a ocasião exerce sobre o comportamento e a atitude das pessoas, particularmente quando a situação dá brechas a condutas errôneas ou desonestas.

Occupet extremum scabies
Quem tarde chega mal se acomoda

> Que o último fique cheio de sarna. O último
> apague a luz. O último feche a porta.

Oculus domini saginat equum
O olho do dono engorda o cavalo

> O olho do dono engorda o gado. Isto é, que
> o interessado cuide de seus negócios, caso
> contrário, vai "dar com os burros n'água".

Offerre cervicem percussoribus
Oferecer o pescoço aos golpeadores

> Ser vencido, derrotado, perder uma batalha.

Oleum adde camino
Põe óleo no fogão

> Alimentar confusões, isto é, "por lenha na fogueira".

Oleum et operam perdere
Perder o azeite e o trabalho

> Não obtendo sucesso numa empreitada, percebemos que
> desperdiçamos material e esforços, isto é, perdemos tempo.

Omnes in rutae folium conicere
Ser superior a toda gente

> Quer dizer: *"Ajuntar todos debaixo de uma folha de arruda"*.
> A expressão investe na imagem da folha de arruda, de
> tamanho diminuto, podendo, por uma metáfora hiperbólica,
> colocar toda gente debaixo dessa folha, intensifica-se sua
> pequenez, o que, por contraste, intensifica também a
> grandeza daquele que foi capaz de submeter a todos.

Omnibus et lippis notum et tonsoribus.
Conhecido por todos, pelos remelosos e pelos barbeiros.

Ou seja: "Não há gato nem cachorro que não saiba". É claro que resulta dessa expressão a ideia de menosprezo, pois, figuradamente, o sujeito do conhecimento é a ralé, representada pelos *remelosos* (**lippi**) e pelos *barbeiros* (**tonsores**, que na Roma antiga muitas vezes nem trabalhavam numa barbearia, mas precariamente ao ar livre das praças públicas).

Opera omnia
Todas as obras

Obra completa de um autor; por exemplo, todos os livros de um escritor.

Optima est legum interpres consuetudo
O melhor intérprete das leis é o costume.

O costume é rei, porque faz lei. O costume faz a lei. E dizem que no Brasil há leis que "não pegam"...

Opus citatum (op. cit.)
Obra citada

Emprega-se essa expressão a fim de evitar-se a repetição de uma referência a uma determinada fonte (obra) muito empregada, o que tornaria muito enfadonho o texto do trabalho. É um elemento de bibliografia.

Ore rotundo
Com a boca redonda

Parece até propaganda de cerveja. Indica-se com essa expressão o uso de uma linguagem harmoniosa, precisa.

Pari passu
No mesmo ritmo, no mesmo passo, em passo igual

Indica que um processo está sendo conduzido
num ritmo proporcional ao de outro.

Passim
Aqui e ali

As passagens em questão "espalham-se por aqui e ali, em
diversos trechos". Indica que a referência pode ser encontrada
ao longo de uma fonte de consulta, e não apenas numa
determinada página ou parte. É um elemento de bibliografia.

Pauca sed bona
Poucas, mas boas coisas

Significa que o importante não é a quantidade,
mas a qualidade: falar, realizar pouco, mas
fazê-lo muito bem, com excelência.

Pauper Aristoteles cogitur ire pedes
O pobre Aristóteles é obrigado a ir a pé

Imagine-se a cena: mesmo com todo o seu conhecimento,
Aristóteles não teria dinheiro suficiente para comprar
sequer um burro que o carregasse. Isso é simbólico para
dizer que a filosofia não dá dinheiro a ninguém.

Pauperis ad funus vix currit clericus unus
*A enterro de pobre comparece quando
muito um único padre*

Como se diz popularmente, "Para gente pobre,
nem repique, nem dobre". Dizem que, ao morrer,
um homem verdadeiramente pobre só deixa
três coisas: a viúva, os filhos e as dívidas...

Per aspera ad astra
Pela aspereza chega-se aos astros

Isto é, por caminhos difíceis chega-se ao sucesso.

Per pedes apostolorum
(andar) A pé

Literalmente: "Pelos pés dos apóstolos", visto que eles nunca contavam com qualquer tipo de transporte.

Persona non grata
Persona non grata

Pessoa indesejável, que não é bem-vinda.

Piscem natare doces
Ensinas o peixe a nadar

Essa expressão corresponde a ensinar a arte ao artista, ou melhor, "ensinar o pai-nosso ao vigário".

Poeta nascitur, orator fit
O poeta nasce, o orador faz-se

Usa-se a expressão para indicar que, no julgamento popular, um poeta só depende de sua inspiração, enquanto um orador depende de muito estudo.

Populus est domi leones, foras uulpes
O povo em casa são uns leões; fora, umas raposas

Essa impressão indica os indivíduos cuja coragem surge somente no ambiente privado, pois no espaço da atuação pública ele é incapaz de alçar sua voz contra o que quer que seja.

Post hoc, ergo propter hoc
Após isto; logo, deve-se a isso

Insiste-se aqui numa relação causal (falsa ou não) determinada por uma relação temporal: se algo aconteceu depois de um fato, deve ser porque tudo deve-se a esse fato.

Post meridiem (p.m.)
Depois do meio-dia

Opõe-se a **ante meridiem (a.m.)**.

Post nubila Phoebus
Depois da nuvem, o sol.

Depois da tempestade vem a bonança. A esperança é a última que morre...

Post siparium
Por detrás da cortina

Fazer algo em segredo, às escondidas, nos bastidores.

Praebere cervicem gládio
Estender o pescoço ao gládio

Ser vencido, derrotado, perder uma batalha. Mesmo sentido das expressões **Offerre cervicem percussoribus** (*Oferecer o pescoço aos golpeadores*) e **Dare colla triumpho** (*Dar os pescoços à vitória*).

Praemonitus, praemunitus
Avisado, precavido

Isto é, consciente, um homem é mais prudente: um homem prevenido vale por dois.

Prius antidotum quam venenum
O antídoto antes do veneno

Dar o antídoto mesmo antes de dar o veneno, isto é, apresentar a defesa antes de cometer o crime.

Pro forma
Para manter aparências, por obrigação

Em certas ocasiões fazem-se certas exigências que, embora na prática nada valham, devem-se cumprir por mera tradição.

Punica fides
Fé púnica. Perfídia, ma-fé

Explica-se a expressão na tradição latina pelo fato de os romanos atribuírem aos cartagineses, seus grandes inimigos, o hábito de não cumprir os acordos.

Putare se coleum Iouis tenere
Pensar que está prendendo um dos colhões de Júpiter

Por pensar estar no domínio de uma situação, julgar-se o melhor, invencível. Hoje diz-se "estar se achando..."

Quae sunt Caesaris, Caesari
A César o que é de César

A frase completa, tal como consta na versão da Bíblia em latim (Lucas, 20, 25), é **reddite ergo, quae Caesaris sunt, Caesari et, quae Dei sunt, Deo** ("dai a César o que é de César e a Deus o que é de Deus") e corresponde à resposta dada por Jesus aos fariseus, quando estes lhe perguntaram se era necessário pagar tributos a Roma. No uso comum, emprega-se a expressão quando se quer dizer algo como *a cada um o que lhe é devido, a cada qual o que é seu.*

Qualis dominus talis servus
Tal senhor, tal escravo

Tal amo, tal criado; isto é:, tal pai, tal filho, como na seguinte sentença: **Qualis pater, talis filius.**

Qualis pater, talis filius
Tal pai, tal filho

Como na seguinte sentença: **Qualis dominus talis servus** (Tal senhor, tal escravo).

Qualis rex, talis grex
Tal rei, tal grei

É como se diz: "Cada povo tem o governo que merece."

Quandoque bonus dormitat Homerus
Às vezes até mesmo o bom Homero cochila

Emprega-se essa sentença para mostrar que até mesmo os mais renomados autores cometem equívocos.

Qui asinum non potest, stratum caedit
Quem não pode bater no burro, bate na sela

É o mesmo que dizer: *a corda arrebenta do lado do mais fraco.*

Qui bene amat, bene castigat
Quem bem ama, bem castiga

A expressão revela a necessidade de se impor limites às pessoas; algo como, à Içami Tiba, "quem ama educa".

Claro que hoje se descarta (ou se deve descartar) a ideia de educação por meios violentos. A esse respeito, o detetive William Somerset, personagem de Morgan Freeman em *Seven*, tem uma fala lapidar: – *É mais fácil bater que educar as crianças. O amor requer cuidado e dedicação.*

Qui dat nivem sicut lanam
Dá a neve tal como dá a lã

Expressão equivalente à nossa "Deus dá
o frio conforme o cobertor".

Qui e nuce nuculeum esse vult, frangit nucem
Quem quer comer a polpa da noz, quebra a noz

Não se faz omelete sem quebrar ovos. Equivale a
expressão latina **Nunquam periclum sine periclo
vincitur** (*Nunca se vence o perigo sem perigo*).

Qui gladio ferit gladio perit
Quem com a espada fere, perece pela espada

Essa expressão equivale à nossa célebre "Quem
com ferro fere, com ferro será ferido".

Qui habet aures audiendi audiat
Que ouça quem tem ouvidos para ouvir

Isto é: ouçam, é do interesse de todos.

Qui in pergula natus est, aedes non somniatur
*Quem nasceu num puxadinho não
tem sonhos com palácios*

Diversas sentenças em português equivalem a essa sentença
latina: *Quem nasce pataca, não chega a vintém*; *Quem
nasce embaixo do banco nunca chega a se sentar*;
Quem nasceu para burro, nunca chega a cavalo.

Quis, quid, ubi, quibus auxiliis, cur, quomodo, quando?
*Quem, quê, onde, com ajuda de quem,
por quê, de que modo, quando?*

São questões que se colocam acerca de um evento qualquer.

Quisquis amat ranam, ranam putat esse Dianam
Quem ama uma rã, julga que a rã é Diana

Não importa a aparência física se se ama alguém: *Quem o feio ama, bonito lhe parece.* O poder que o amor tem de nos fazer ver a pessoa amada de forma idealizada e depurada de defeitos está expresso na equiparação de uma mísera rã, enrugada e sem formosura, com a bela, nobre e elegante Diana, deusa da caça na mitologia greco-romana.

Quisquis habet nummos secura navigat aura
Quem tem dinheiro navega com ventos tranquilos

Eis algumas sentenças equivalentes a essa sentença latina que remete à força do dinheiro perante a sociedade: *Onde o ouro fala, tudo cala*; *Ladrão endinheirado não morre enforcado.*

Quo altior mons, tanto profundior vallis
Quanto mais alto é o monte, mais profundo é o vale

Essa sentença alerta não só para o fato de que quanto maior for a posição alcançada por um indivíduo, mais esforços ele terá de despender para mantê-la, como também maior será a decepção que se sofrerá caso venha a perdê-la. Em português, existe também *Quanto maior a altura, maior o tombo.*

Quo vadis?
Para onde vais?

São palavras de Pedro a Jesus antes que Este lhe predissesse que O negaria três vezes. Dessa tradição católica aproveita-se Henryk Sienkiewicz ao escrever o livro *Quo vadis?* que será, em 1951, a base de filme hollywoodiano homônimo, de Mervyn LeRoy, que tem a Roma antiga por cenário.

Quod abundat, non nocet; Quod abundat, non vitiat
O que é demais, mal não faz

Antes mais que menos. O supérfluo não prejudica ninguém.

Quod erat demonstrandum
O que era para demonstrar; o que precisávamos demonstrar; como queríamos demonstrar

É uma fórmula empregada para dar fechamento à argumentação em favor de uma tese. Na forma escrita, a expressão pode ser abreviada, seja a partir da forma latina **q.e.d.** (**Quod erat demonstrandum**) ou a partir da forma traduzida em português *c.q.d.* (*Como queríamos demonstrar*).

Quod hodie non est, cras erit
O que não é hoje será amanhã

Ou seja: *A esperança é a última que morre*, ou ainda: *Há sempre uma luz no fim do túnel.*

Quod licet Iovi, non licet bovi
O que é lícito para Júpiter não é lícito para um boi

Quer dizer: nem tudo é para todos, não se permite tudo a todos. *Cada macaco no seu galho!*

Quomodo vales?
Como vai você?

Expressão de amabilidade e polidez. Tendo um traço de formalidade, usa-se no encontro de duas pessoas que não necessariamente se conheçam na intimidade.

Quo plus sunt potae, plus sitiuntur aquae
Quanto mais se bebe água, mais sede se tem

Quanto mais se tem, mais se quer. É a eterna insatisfação humana.

Quot homines, tot sententiae
Tantos homens, tantas sentenças

É o mesmo sentido da sentença **Quot capita, tot sensus** (*Quantas cabeças, tantos sentidos*).

Quousque tandem
Até quando?

Essa expressão ganhou celebridade das *Catilinárias* de Cícero: emprega-se quando queremos mostrar-nos indignados com a insistência abusiva de alguém.

Res, non verba
Matéria, não palavras

Queremos providências, não falatório.

Ridendo castigat mores
Pelo riso criticam-se os costumes

Crítica aos defeitos da sociedade elaborada por meio de um discurso bem- humorado, que se considera tão ou mais efetivo que um pesado vitupério aos vícios.

Rixare de lana caprina
Brigar por lã de cabra

Discutir por um problema que nem existe.

Sapientem pascere barbam
Deixar crescer uma barba sábia

Isto é, ter a aparência de um filósofo. Ter uma barba grande como a dos filósofos; daí, ser filósofo também.

Scalpere caput digito
Coçar a cabeça com o dedo

Mostrar que é efeminado. Coçar a cabeça ou a testa com o dedo, era um sinal característico de homens efeminados temerosos de ter seu cabelo desarrumado.

Scire uti foro
Saber usar o mercado

Saber enxergar as várias alterações do comércio. Em resumo, ser esperto, pensar rápido e saber tirar proveito de várias situações.

Scopas dissolvere
Desmanchar, desfiar uma vassoura

Aplicar-se a algo inútil. E o que pode ser mais inútil que desatar as fibras de uma vassoura?

Sequentia (et seq.)
Na sequência

É o indicativo de que a referência em questão encontra-se a partir da parte ou página assinalada. É um elemento de bibliografia.

Sera parcimonia in fundo est
Na última gota, a parcimônia é tardia

Essa sentença é equivalente a *a regra se bota na boca do saco*, isto é, deve-se economizar desde o começo, e não apenas no fim, quando já se gastou quase tudo e não há mais o que se poupar.

Si filiam haberem, auriculas illi praeciderem
Se eu tivesse uma filha eu lhe cortaria as orelhas

Interessante medida de economia para que uma mulher gaste pouco com joias e enfeites – você não acha?

Si vis pacem, para bellum
Se queres paz, prepara a guerra

O conceito contido nesta sentença evidentemente justifica (e certamente o vem assim fazendo) o aparato bélico de qualquer nação, pois, segundo ela, sempre existirá um inimigo em potencial. Exemplo de seu entendimento mais bélico que pacífico pode ser verificado no fato de que, por causa dessa sentença, mantida no moto da Deutsche Waffen und Munitionsfabriken – DWM (Companhia Germânica de Armas e Munições), a pistola Luger P08, arma de grande calibre de sua fabricação, ficou comumente conhecida como "Parabellum" (em português: *parabélum*).

Sic
Assim

Emprega-se para indicar que se está percebendo que a fonte apresenta alguma expressão muito peculiar (um erro de grafia, um equívoco de dados etc.) que não é da responsabilidade daquele que a cita, mas do autor da fonte mesma. É um elemento de bibliografia.

Sic transit gloria mundi
Assim passa a glória do mundo

Isto é: A glória do ser humano no mundo não dura eternamente, é efêmera, passageira, transitória; ou, como diz o Gênesis, **memento, homo, quia pulvis es et in pulverem reverteris**, "lembra-te, homem, de que és pó e ao pó retornarás".

Similia similibus curantur
Os iguais (semelhantes) são curados
pelos seus iguais (semelhantes)

É o lema da homeopatia.

Sine die
Sem dia

Emprega-se essa expressão para indicar, em relação
a um evento, uma indeterminação quanto a seu
acontecimento, isto é, um evento "sem dia" para ocorrer.

Sociorum olla male feruet, et ubi semel
res inclinata est, amici de medio
Panela de muitos ferve mal; e quando a
coisa entorta, os amigos se afastam

Um empreendimento partilhado por muitas pessoas
não pode dar certo, e quando se vê que os negócios
vão mal, à beira da falência, todo mundo se afasta.

Sol lucet omnibus
O sol brilha para todos

Isto é, todos merecem uma oportunidade; ou, como canta
Caetano Veloso, "gente é pra brilhar, não pra morrer de fome".

Solea pulsare nates
Bater nas nádegas com a sandália

Abandonar alguém, ou, como se diz popularmente, com uma
ponta de crueldade e muito humor, "meter um pé na bunda".

Spectare lacunar
Olhar para o teto

Estar distraído. Nem sempre as pessoas estão
atentas em quem fala e acabam desviando o olhar

para outros lugares, principalmente para o teto,
para onde se pode olhar livremente, sem interferir
com ninguém: quem nunca foi aluno?

Stricto sensu
Em sentido estrito, estreito

Usa-se essa expressão para fazer entender certa questão
em seu sentido mais específico, dir-se-ia literal. Essa
expressão se opõe à expressão latina **lato sensu** ("largo
sentido"), que significa que se pode ter um entendimento
da questão de maneira mais genérica, mais ampla.

Sub judice
Sob o juiz

Essa expressão indica que determinado processo ainda
está em poder do juiz, isto é, que o processo ainda está
sendo estudado, está em julgamento, ainda nos trâmites.

Sui generis
De seu gênero

Essa expressão indica que determinado objeto é característico
de um grupo, que é típico, especial de seu gênero.

Sulcos (ou nodum) in scirpo quaerere
Procurar nó em junco

Procurar dificuldades onde não há. Em português há
sentenças muito bem- humoradas que têm o mesmo
sentido, como **Procurar chifre em cabeça de cavalo** ou
Procurar pelo em ovo. Também se diz em latim **Sulcos
in scirpo quaerere** ("procurar ranhuras em junco").

120

Summum ius, summa iniuria
Suma justiça, suma injustiça

Fala-se aqui de uma justiça cega, que não avalia, não relativiza as proporções nem o histórico daqueles que cometem transgressões (que podem ser, inclusive absolutamente eventuais ou casuais).

Surdis auribus canere
Cantar para ouvidos surdos

Falar em vão; pregar no deserto; gastar saliva; atirar pérolas aos porcos; falar para as paredes.

Sursum corda
Corações ao alto

É expressão da liturgia católica: elevai vossos corações, elevemos nossos corações. É empregada no início da celebração da missa em latim e tem como resposta **ad Deum habemus** ("nosso coração está em Deus").

Sus Minervam docet
O porco ensina Minerva

Ensinar o Pai-Nosso ao vigário. Refere-se à atitude típica de uma pessoa quando ela se põe a tentar ensinar, explicar ou esclarecer a alguém que é especialista no assunto em questão. Imagine se um pobre porco poderia ensinar algo justamente a Minerva, reverenciada por gregos e romanos como a deusa da inteligência e da sabedoria.

Tangere acu
Tocar com uma agulha

Essa sentença traz a ideia da precisão: acertar em cheio, tocar exatamente no ponto: adivinhar, *acertar na mosca*.

Testis unus, testis nullus
Uma única testemunha, nenhuma testemunha

Isto é, pela simples possibilidade não haver mais
que um ângulo de visão, depender de uma única
palavra é o mesmo que não ter testemunhas.

Timeo Danaos et dona ferentes
Temo os gregos, mesmo quando oferecem presentes

Essa sentença foi pronunciada pelo sacerdote troiano
Laocoonte, que desconfiava do cavalo de madeira que os
gregos haviam deixado na praia e que os troianos estavam
prestes a conduzir para dentro de sua cidade. Tratava-se
mesmo de um ardil e o sacerdote tinha razão. A história
todo mundo conhece: havia soldados gregos escondidos
dentro do cavalo, de onde saíram às escondidas e abriram
os portões para que os demais soldados gregos, que
permaneciam fora e à espreita, pudessem invadir, tomar e
destruir Troia. Nossa tradicional expressão **presente de grego**,
que remete a algo que nos é ofertado como bom, mas que
certamente causará dissabores, provém dessa situação toda
que foi narrada na *Eneida*, de Virgílio. Modernamente, a
expressão *cavalo de troia* empregada na área da informática
também relembra a situação do invasor invisível que age
como espião e agente destrutivo. É o programa que pode
avariar o computador e roubar dados nele guardados.

Topanta
O máximo

Ou seja: o melhor, a pessoa mais considerada.

Toto corpore atque omnibus ungulis
Com o corpo inteiro e com todas as unhas

Indica a pessoa que se atira com todas as forças, com unhas e dentes, à realização de um projeto.

Trium litterarum homo
O homem das três letras

Fala-se aqui do ladrão. É que, em latim, **fur** é a palavra latina – de três letras – mais comum para indicar o ladrão.

Ubi solitudinem faciunt, pacem appellant
Onde fazem deserto, chamam de paz

É uma frase atribuída a um soldado estrangeiro que, tendo o exército romano às portas de sua cidade, vituperava a política cruel e rapinante do imperialismo romano.

Ubi uber, ibi tuber
Onde há teta, há excrescência

E também: *Onde há mel há moscas*; *Não há rosa sem espinhos*. Essa expressão, registrada na obra *Florida*, de autoria do escritor romano Apuleio (séc. II d.C.), traduz a ideia de que nenhuma alegria ou felicidade que experimentamos ou vivenciamos vem desacompanhada de algum dissabor.

Ulcus tangere
Tocar na ferida

Exatamente como no português *Pôr o dedo na ferida*.

Ultima ratio
Último argumento.

Diz-se do argumento usado como último recurso, em casos extremos, quando todas as demais alternativas possíveis se esgotaram sem resultado.

Ultroneas putere mercês
Mercadoria gratuita fede

Quer dizer: ninguém dá nada de graça. *Quando a esmola é demais, o santo desconfia...*

Una hirundo non efficit ver
Uma andorinha só não faz primavera

Sentença da qual a nossa *Uma andorinha só não faz verão* é praticamente tradução literal.

Una saliva loqui
Falar de uma só saliva

Como se diz em português no sentido de falar sem parar, de uma só vez, *falar de um só fôlego*.

Uno in saltu duos apros capere
Pegar dois javalis num único pulo

Talvez modernamente a caça ao javali ande meio fora de moda, pois hoje se diz, no mesmo sentido, *matar dois coelhos com uma cajadada só*.

Urbi et orbi
Para a cidade e para o mundo

Urbi é certamente Roma. Aliás, para o romano da Roma antiga, **urbs**, "cidade" e Roma eram praticamente a mesma coisa.

Ut sementem feceris, ita metes
Assim como semeares, colherás

Cada um tem uma história, com causas e consequências: a vida de cada um amolda-se segundo seus próprios atos. *Cada um colhe o que planta*; *Quem semeia ventos colhe tempestades*.

Uti, non abuti
Usar, não abusar

Se a propaganda é a alma do negócio, certa propaganda de chá-mate da década 30 ficou na memória: "Matte Leão: use e abuse, já vem queimado".

Vae victis!
Ai dos vencidos!

Expressão atribuída pelo historiador romano Tito Lívio a Breno, chefe Gaulês que, em 387 a.c., invadiu e saqueou Roma. Nas negociações do resgate que competia ao vencedor, os romanos submeteram-se a pagar certo peso em ouro, pesado numa balança dessas de dois pratos. Como Breno lançasse a um dos pratos sua espada pesadíssima e, com isso, aumentasse bastante a quantia devida pelos romanos, estes logo reclamaram da trapaça, ao que o chefe gaulês teria, como deboche, expressado a sentença: "ao povo vencido não cabia espernear".

Vanitas vanitatum, et omnia vanitas
Vaidade das vaidades, e tudo é vaidade

O mundo move-se pelas vaidades.

Velit nolit
Queira ou não queira

De qualquer modo, em todo caso.

Venies sub dentem
Você virá sob o meu dente

Em português a expressão é quase a mesma, muda apenas a parte do corpo mencionada: *Você vai cair nas minhas garras*.

Ventum seminabunt et turbinem metent
Semearão vento e colherão tempestade

E também: *Quem semeia ódios colhe vinganças* e *Quem semeia ventos colhe tempestades*. A pessoa que se presta a criar intrigas e discórdia certamente sofrerá um dia as consequências nada benéficas daquilo que ela mesma provocou.

Verba movent, exempla trahunt
Palavras comovem; exemplos arrastam

Muitas vezes o discurso de uma pessoa diverge da maneira como ela age: **video meliora proboque, deteriora sequor** ("vejo e aprovo as melhores coisas; sigo as piores"). Por isso, é preciso lembrar que valemos como exemplo, e *um exemplo vale mais que mil palavras*.

Verba volant, scripta manent
As palavras voam; as escritas permanecem

É como escrever na areia da praia: logo o mar apaga tudo. Ou como as promessas de campanha: palavras, leva-as o vento.

Verbi gratia (v.g.)
Por exemplo

Essa locução é comumente empregada por meio de sua abreviatura (v.g.). É o mesmo que **exempli gratia**.

Veritas odium parit
A verdade produz o ódio

Pois é: ninguém gosta de ouvir a verdade. A verdade dói.

Video meliora proboque, deteriora sequor
Vejo e aprovo as melhores coisas; sigo as piores

É o mau inteirado: apesar de ter consciência daquilo que é decente, faz questão de agir da pior forma.

Vineta sua caedere
Cortar as próprias vinhas

Censurar a si mesmo, falar mal de si próprio, isto é, *dar um tiro no pé*. Pelo sentido, liga-se à seguinte sentença latina: **Ipse mihi asciam in crus impegi** ("Cravei um machado em minha própria perna").

Vinum et musica laetificant cor
Vinho e música alegram o coração

Uma taça de vinho ou uma boa música são, para muitas pessoas, boas receitas para libertar nosso coração e nossa alma das preocupações que nos afligem.

Vir dupunduarius
Homem do valor de dois asses

Homem desqualificado, insignificante: homem que não vale um tostão.

Vir omnium numerum

Homem de todas as funções

É o que em português se diz *pau pra toda obra* ou *homem de sete instrumentos*.

Vis cômica
Força cômica

Diz-se do talento de uma pessoa, de um ator, para a comédia, para fazer rir.

Vox populi, vox Dei
Voz do povo, voz de Deus

A opinião pública é decisiva.

CAPÍTULO 3

AMIGO DA ONÇA?

Verdadeiros cognatos

Você já parou alguma vez para pensar sobre a origem das palavras que você usa em seu cotidiano, tanto as mais corriqueiras como as ocasionais, tanto as que você encontra em contextos mais técnicos ou rebuscados, como as de uso mais popular ou familiar? Você já parou para refletir sobre a procedência das palavras novas que você aprende aqui e ali, sobre as palavras que têm parentesco entre si, dentro de uma mesma língua ou entre línguas diferentes, e cuja procedência comum por vezes nos passa despercebida?

Desvendar a origem e a história das palavras é algo lúdico e diverti-do. Aguça a curiosidade que é tão inerente à natureza humana, até porque muitas vezes nos oferece respostas bastante surpreendentes. Possivelmente bem poucas pessoas se deem conta disso, mas rotinei-ramente nos comunicamos, pela oralidade ou pela escrita, empre-gando grande número de vocábulos que carregam uma densidade de informações culturais, históricas e linguísticas que sequer imagi-namos existir. Engana-se, no entanto, quem imagina ser o estudo da origem das palavras mero passatempo. Muito longe disso, trata-se, na verdade, de coisa séria, tão séria que ocupa lugar na Ciência: constitui um ramo dentro da Linguística, a que se dá o nome de

Etimologia (do grego *etymologia*, estudo do verdadeiro significado das palavras). Estudar a origem das palavras propicia uma série de benefícios que vão muito além da mera satisfação da curiosidade de um indivíduo. Entre outros fatores, a pesquisa etimológica se faz importante porque permite desvendar a acepção literal e absoluta de um vocábulo, possibilita melhor retenção dos significados das palavras, serve de ferramenta na identificação da sinonímia e da diferença de significados entre sinônimos, é excelente auxiliar no estudo dos processos de formação de palavra por composição e derivação, facilita a fixação da ortografia, permite identificar afinidades entre idiomas, além de contribuir para o aprimoramento na comunicação escrita e oral.

Sendo o português um idioma neolatino, é inegável que a língua do Lácio seja a principal fonte – rica, abundante e inesgotável – para o estudo da origem de inúmeras palavras que compõem o léxico do idioma oficial dos países lusófonos. Este capítulo é dedicado exatamente a uma breve abordagem etimológica de um grupo de palavras portuguesas provenientes do latim. O capítulo está dividido em duas partes. Na primeira parte (**No princípio era o verbo**) são apresentadas palavras provenientes, direta ou indiretamente, de verbos ou raízes verbais latinas. Na segunda parte (**Palavras irmãs**) o leitor encontrará palavras reunidas em pares, trios ou quartetos. Cada um desses agrupamentos é formado de palavras portuguesas originárias de um mesmo vocábulo latino.

Que as páginas a seguir propiciem uma agradável viagem ao passado das palavras, um pedacinho da história de todos nós.

130

No princípio era o verbo

Existe em português um número considerável de palavras que empregamos como substantivos, adjetivos e nomes próprios sem sequer imaginarmos que elas provêm, diretamente ou indiretamente, de verbos latinos ou de palavras cuja origem remonta a raízes verbais do latim. Em princípio, é difícil concebermos a ideia de que vocábulos como *déficit, gradiente, infarto, mansão, manso* e *teto*, por exemplo, possuam "DNA" verbal. A verdade é que palavras dessa natureza são bastante comuns nas línguas neolatinas e em qualquer outro idioma que possua elevado percentual de palavras oriundas do latim, como é o caso da língua inglesa.

As fontes específicas de formação desse tipo de vocábulo são diversificadas: raízes verbais elementares; infinitivos; radicais de particípios presentes; radicais de particípios perfeitos; gerundivos;[5] verbos conjugados, com desinências número-pessoais e modo-temporais.

Para tornar ainda mais proveitosa a leitura do conteúdo desta parte, via de regra cada verbete é relacionado a outras palavras (da língua portuguesa ou de língua estrangeira) provenientes da mesma raiz.

---

5   O *gerundivo* é classificado em latim como uma das formas nominais do verbo, junto aos particípios, ao gerúndio, ao supino e ao infinitivo. Trata-se de uma espécie de particípio verbal que em latim clássico abarca as noções de *ação futura, ação passiva* e *obrigação*. Indica a "ação que deve ser feita". No latim eclesiástico, o gerundivo perde a noção de obrigação, mantendo no entanto as outras duas. Em português, há alguns vocábulos formados com o elemento final *-ando/-endo* anexado ao radical que apresentam noções muito próximas às do gerundivo latino ("o que deve ser, o que há de ser"). Como exemplo temos alguns neologismos criados no século XX, entre os quais estão os substantivos *formando* ("que está prestes a se formar"), *vestibulando* ("que vai prestar o exame vestibular"), *graduando* ("que está para se graduar"), *licenciando* ("que está em vias de concluir o curso de licenciatura", *bacharelando* ("que está prestes a concluir o curso de bacharelado") e o adjetivo *vincendo* ("que está prestes a vencer").

ADENDO

A palavra provém do verbo **addere** ("colocar junto de, acrescentar, juntar"), composto de **ad** ("junto de") + **dare** ("dar, entregar, conceder") por meio da forma **addendum**, neutro singular do gerundivo **addendus** ("que deve ser acrescentado"). Em português, *adendo* indica "aquilo que é acrescentado".

Do verbo **addere** originam-se:

- o substantivo *adição*, por meio do vocábulo **additio** ("adição, acréscimo"), formado a partir do radical do particípio perfeito **additus**. De *adição* formou-se o verbo *adicionar*.

- o verbo *to add* em inglês.

AMANDA

Nome próprio proveniente do verbo **amare** ("amar"), por meio da forma do feminino singular do gerundivo **amandus**, significa propriamente "a que deve ser amada", "digna de ser amada".

ATA/AGENDA

Trata-se de dois substantivos provenientes de um mesmo verbo, **agere** ("impelir, fazer sair, arrastar; fazer"). No entanto, originam-se de duas formas distintas (particípio perfeito e gerundivo) que apontam para direções opostas em termos de temporalidade:

- o substantivo *ata* vem de **acta** (neutro plural do particípio perfeito **actus,-a,-um**), significa originariamente "coisas feitas", indicando "ação concluída";

- o substantivo *agenda*, por sua vez, vem de **agenda** (neutro plural do gerundivo **agendus,-a,-um**), significa primitivamente "coisas que devem ser feitas", indicando "ação a ser executada".

Em português, a dupla de vocábulos preserva semanticamente as nuances de temporalidade passado/futuro presentes respectivamente nas formas de particípio perfeito e gerundivo que lhes deram origem. Enquanto *ata* designa um registro de fatos ocorridos ou decisões tomadas numa assembleia ou reunião (ações passadas), *agenda* é a caderneta onde se anotam entre outras coisas compromissos a serem cumpridos (ações futuras).

DÉFICIT/SUPERÁVIT

Vocábulos bastante conhecidos por seu uso principalmente no campo da economia, ambos provêm diretamente de formas verbais latinas conjugadas e são empregados como antônimos.

Deficit é a forma da 3ª pessoa do singular do presente do indicativo do verbo **deficere** ("fazer falta, faltar, abandonar"), composto do verbo **facere** ("fazer") mais o prefixo **de-** (que entre outras noções indica "afastamento, privação, diminuição"). *Déficit* é empregado quando queremos dizer que algo "faz falta" ou "está faltando", isto é, que uma substância ou coisa está disponível numa quantia inferior ao necessário. Se alguém faz uma despesa de 30 reais, mas tem apenas 20 para desembolsar, "está faltando" *(déficit)* o valor correspondente a 10 reais para ela equilibrar despesas e dinheiro disponível.

Sentido oposto tem a palavra *superavit*, que corresponde à 3ª pessoa do singular do pretérito perfeito do indicativo do verbo **superare** ("estar acima, superar, ultrapassar, exceder, restar, sobrar"). *Superávit* é usado quando queremos dizer que "sobrou" algo, isto é, que algo está disponível numa quantia superior ao necessário, o que gera um excedente, uma sobra. Se, ao contrário do exemplo acima, alguém faz uma despesa de 20 reais, tendo disponível consigo a quantia de 30, ela terá uma "sobra" *(superávit)* de 10 reais.

Embora calcadas em formas verbais conjugadas, *déficit* e *superávit* são substantivos em português, tendo como derivados os adjetivos *deficitário* e *superavitário*.

Do mesmo verbo que deu origem a *déficit* se originaram as palavras *deficiente* ("falho, falto, incompleto", pelo particípio presente **deficiens**), *defeito* ("imperfeição, falta de algo necessário, carência", pelo substantivo **defectus**, "falta, ausência") e *defectivo* ("que não é completo", pelo adjetivo **defectivus,-a-um**, "defeituoso, imperfeito").

GRADIENTE

Vocábulo proveniente do verbo **gradi** ("caminhar, andar, aproximar-se, avançar"), por meio do particípio presente **gradiens** ("que caminha, que anda"). Trata-se de neologismo introduzido na língua portuguesa no século XX e de larga aplicação no campo científico. Seu significado prevalente é o de "medida de variação de uma grandeza ao longo de uma dimensão espacial, numa determinada direção". Em contextos mais delimitados, essa medida de grandeza pode corresponder a uma variação em determinada característica de um meio (pressão atmosférica, temperatura, altitude etc.) de um ponto a outro desse meio.

Observe-se que as definições para *gradiente*, independentemente do campo específico no qual o termo esteja inserido, apontam para o conceito essencial de "variação", que traz necessariamente consigo as noções de "modificação, mudança, movimentação, mobilidade, alteração, deslocamento" (em contraposição ao que é estático, invariável). Todos esses valores significativos correspondem às noções elementares dos verbos de movimento, paradigma no qual está inserido o verbo latino **gradi**.

Do verbo **gradi** formaram-se também os seguintes compostos:

- **aggredi** (*ad-* + **gradi**, "ir em direção a, ir contra alguém, atacar, agredir"), do qual surgiu o verbo *agredir* ("atacar, insultar") e cujo particípio perfeito **agressus** está na origem dos substantivos **aggressio** ("agressão, ataque") e **aggressor** ("aquele que ataca, agressor"), que resultaram respectivamente nos vocábulos *agressão* ("ataque, ofensa, insulto") e *agressor* ("aquele que agride, que ataca"); do radical *agress-* + o sufixo -*ivo* formou-se, no século XVII, o adjetivo *agressivo* ("que agride, que hostiliza");

- **congredi** (*cum-* + **gradi**, "caminhar com, encontrar-se com, ir ter com"), do qual, por meio do particípio perfeito **congressus** ("que se aproximou de alguém; reunido"), formou-se o substantivo **congressus** ("trato, relações, entrevista, conversa"), origem direta do vocábulo *congresso* ("diálogo, conversa, entrevista, conferência");

- **digredi** (*dis-* + **gradi**, "afastar-se, retirar-se, ir embora"), cujo particípio perfeito **digressus** forneceu o radical para a formação do substantivo **digressio** ("afastamento, separação, partida, digressão"), do qual provém a palavra *digressão* ("afastamento, desvio, divagação, evasiva, viagem, passeio");

- **egredi** (*e-* + **gradi**, "caminhar para fora, sair"), cujo particípio perfeito **egressus** resultou no adjetivo *egresso* ("que saiu") em português;

- **ingredi** (*in-* + **gradi**, "caminhar para, entrar em"), cujos particípios presente **ingrediens** e perfeito **ingressus** (por meio do substantivo **ingressus**, "entrada") deram origem aos vocábulos *ingrediente* ("elemento que entra numa composição") e *ingresso* ("entrada, acesso, princípio");

- **progredi (pro- + gradi,** "ir para diante, avançar"), que resultou no verbo *progredir* ("caminhar para frente, avançar") e cujo particípio perfeito **progressus** forneceu o radical para a formação dos substantivos **progressus** ("ação de avançar, marcha, desenvolvimento") e **progressio** ("progresso, aperfeiçoamento, desenvolvimento"), dos quais vieram respectivamente os vocábulos *progresso* ("movimento para diante, avanço") e *progressão* ("ação de progredir, progresso, evolução, continuação"); do radical *progress-* + o sufixo *-ivo* formou-se, no século XVIII, o adjetivo *progressivo* ("que progride");

- **regredi (re- + gradi,** "caminhar para trás, voltar, retroceder"), do qual procede o verbo *regredir* ("retroceder, marchar para trás") e cujo particípio perfeito **regressus** serviu de base para a formação dos substantivos **regressus** ("regresso, volta") e **regressio** ("volta, regressão"), de onde vieram respectivamente os vocábulos *regresso* ("volta, retorno") e *regressão* ("retorno, regresso, retrocesso");

N.B.: o verbo **gradi** tem sua origem na palavra **gradus,** que significa "passo, o andar, marcha, lugar onde se chegou, grau"); de **gradus,** por sua vez, provêm os vocábulos *grau* em português, *grado* em espanhol, *grado* em italiano, *grade* em francês e *grade* em inglês.

HORRENDO

Adjetivo proveniente do verbo **horrere** ("eriçar os pelos ou cabelos, arrepiar-se, tremer de susto ou medo, ser terrível, ser pavoroso"), por meio da forma do gerundivo **horrendus,-a,-um** ("que causa arrepios, que faz tremer, que deve ser temido, digno de horror, terrível, horrível, espantoso"). *Horrendo* em português significa "que horroriza, que apavora, horrível, monstruoso, espantoso".

Do verbo **horrere** também surgiram as seguintes palavras:

- **horribilis** ("que causa horror, terrível, admirável, assombroso"), origem do adjetivo *horrível* ("horrendo, desagradável, horroroso, péssimo");

- **horridus** ("eriçado, arrepiado, horrível, terrível, medonho"), que resultou em *hórrido* ("horripilante, pavoroso");

- **horror** ("arrepiamento do cabelo, arrepios, calafrios, tremedeira, horror, terror, espanto"), da qual procede o substantivo *horror* ("que causa medo, repulsa, desagrado, aversão ou nojo; medo, pavor, fobia");

- **horripilare** (composto de **horrere** + **pilus**, "ter os cabelos em pé, ter o pelo eriçado") e seu particípio presente **horripilans**, dos quais se originaram respectivamente o verbo *horripilar* ("provocar ou sentir arrepios, calafrios; provocar ou sentir horror, pavor") e o adjetivo *horripilante* ("arrepiante, que provoca calafrio; horrendo, horrível, pavoroso"); de **horripilare** também resultou o verbo *arrepiar*.

Horrere e a maioria de seus derivados indicam etimologicamente sensações fisiológicas provocadas pelo medo ou terror: primeiramente o arrepiar dos cabelos e o eriçar dos pelos, estendendo-se depois ao tremor e ao calafrio. Por expansão semântica, passam a indicar também as sensações psíquicas (medo, assombro, temor, terror) que desencadeiam as reações fisiológicas.

INFARTO

Neologismo criado no século XX, dentro do contexto do latim científico. *Infarto* significa "obstrução, entupimento, alimentação em excesso". Em diversos ramos da Medicina o termo indica "necrose provocada por entupimento de artéria responsável pela irrigação da região atingida". Especificamente na cardiologia, designa "necrose parcial do miocárdio, provocada por obstrução da artéria coronária, que o irriga". Provém da forma **infartus**, particípio perfeito do verbo **infarcire** ("meter em, encher, infartar, juntar"), composto de **in-** + **farcire** ("engordar, encher, rechear, estufar, introduzir"). No percurso semântico que nos leva de **infarcire** a *infarto*, percebe-se a transição das noções primitivas de "enchimento, ajuntamento, acúmulo" para significados que remetem a seus efeitos ("obstrução e entupimento").

Do verbo **farcire**, por meio do particípio **fartus** ("cheio, recheado, amontoado, acumulado"), e de seu derivado **fartura** ("enchimento, engorda"), provêm o adjetivo *farto* ("satisfeito, abundante") e o substantivo *fartura* ("abundância").

INSETO

O substantivo *inseto* tem origem no verbo **insecare** ("cortar, segmentar"), composto de **secare** ("cortar"), por meio do particípio perfeito neutro plural **insecta** ("cortados"), posteriormente substantivado na forma **insectum**.

Insectum é o termo empregado pelo naturalista Plínio (séc. I d.C.) em sua obra **História Natural** (XI,1), como tradução da palavra grega *entomon*, criada por Aristóteles (séc. IV d.C.) para denominar "animais cujo corpo apresenta segmentos" *(entomai)*. Daí *entomologia* como "a ciência que estuda os insetos" (Moret, p. 334).

Como se sabe, os insetos são definidos como invertebrados "segmentados". O estudo de sua anatomia nos ensina que eles têm o corpo "dividido" em três partes: cabeça, tórax e abdômen. O tórax, por sua vez, é dividido em outros três segmentos e o abdômen em outros onze.

Do verbo **secare** também provêm:

- *segmento* (de **segmentum**, "corte, pedaço, parte, fatia"), *secante* (do particípio presente **secans**), termo da geometria que significa "cortante, que corta", e seus derivados *secantoide, cossecante* etc.;

- *seção, secção* (de **sectio**, "corte, divisão"), *seccionar* (de *seccion* + *-ar*, "cortar, dividir").

LAVANDA/LAVABO

O vocábulo *lavanda* provém do verbo **lavare** ("lavar, banhar, purificar") por meio do gerundivo neutro plural **lavandus,-a,-um**, "coisas que devem ser lavadas, banhadas, purificadas", que passou a designar "água com essência aromática para lavar, limpar, no banho", e por extensão "água especialmente preparada para banhar, lavar, limpar"). Segundo alguns dicionários, a erva aromática *lavanda* tem esse nome por conta de seu uso na água de banho, ou devido a seu uso para perfumar roupas brancas recém-lavadas, ou mesmo por seu emprego no preparo da água para lavar as mãos. O vocábulo não chegou ao português diretamente do latim, mas provavelmente pelo italiano *lavanda*.

Lavabo, por sua vez, é forma substantivada da primeira pessoa do singular do futuro do indicativo de **lavare** ("eu lavarei"). Seu uso nessa acepção tem origem no contexto litúrgico, mais especificamente no ritual (realizado após o ofertório) em que o celebrante lavava as mãos enquanto proferia as palavras *lavabo inter innocentes manus meas* ("lavarei minhas mãos no meio dos inocentes"). De "ato de lavar as mãos", *lavabo* passou a designar "lugar onde se lavam as mãos" e, daí, por extensão, "lavatório".

MANSÃO

Proveniente do substantivo **mansio**, derivado do particípio perfeito **(mansus)** do verbo **manere** ("ficar, permanecer, morar, esperar, durar, persistir"). Ao contrário do significado mais usual de *mansão* em português, **mansio** não designa primitivamente algo concreto, mas uma ação, "a ação de permanecer", para então se estender aos conceitos de "morada, residência, habitação"; também podia aparecer com os significados de "estalagem, pousada, albergue".

Em nenhuma de suas acepções **mansio** designa "a casa excessivamente grande, luxuosa, suntuosa", significado principal de *mansão* em português.

De **mansio** também se originou o substantivo *maison* em francês, que, assim como a palavra latina que lhe deu origem, preserva a acepção mais ampla de "casa, morada", sem a especialização semântica que ocorreu em *mansão* no português. Em inglês, por sua vez, *mansion* indica, assim como em português, a "residência que se destaca por seu grande tamanho e luxo".

Em italiano, *mansione*, além de designar a "mansão", como em português, significa também "tarefa, função, atividade confiada a alguém para que este a desenvolva"; esse significado certamente traz do sentido etimológico da palavra latina a ideia de uma atividade que "perdura" por algum tempo, um ofício ao qual a pessoa "permanecerá" se dedicando durante um certo período, uma função na qual o encarregado "fica" ou "estaciona" por um determinado espaço de tempo. Também em italiano, a palavra *magione* se refere à "residência grande e luxuosa", tal como *mansão* em português e *mansion* no inglês.

De **manere** formaram-se os verbos **permanere** ("ficar até o fim, permanecer"), **remanere,** que deram origem no latim vulgar respectivamente aos incoativos **permanescere** e **remanescere**. Esses dois

140

verbos estão na origem das palavras **permanecer** e *remanescer* em português.

MANSO

Observando a similaridade morfológica existente entre o vocábulo *manso* e o verbete anterior *(mansão)*, somos levados a deduzir que ambas vêm da mesma raiz **manere**, o que acaba sendo reforçado ao verificarmos os significados de *manso* e entre eles encontrarmos "que se domesticou". O contexto doméstico nos remete diretamente às noções de "domicílio, casa, residência", que se encaixam como uma luva no campo semântico do verbo **manere**.

O raciocínio poder parecer convincente e perfeito, mas na verdade não é isso o que ocorre. *Manso* provém do verbo latino **mansuescere**, composto de **manus** ("mão") + **suescere** ("habituar-se"), que apresenta o significado de "habituar-se à mão". É importante observar que o elemento final *-escere* confere ao verbo uma natureza incoativa, por conter a indicação do início de uma ação, estando aí embutida a ideia de mudança de estado ou de condição. Tal como em português *amanhecer* e *anoitecer* indicam, respectivamente, "o início da manhã, a passagem da noite para a manhã" e "o início da noite, a transição do dia para a noite", em latim **suescere** representa a passagem da condição de não habituado à de habituado.

Vale ressaltar que o adjetivo *manso* provém mais especificamente de **mansus**, variação vulgar do particípio perfeito clássico **mansuetus** ("que se habituou à mão, domesticado, amansado, brando, manso"). Enquanto **mansus** deu origem a *manso* em português e também em espanhol, a forma clássica **mansuetus** resultou no italiano *mansueto* ("manso"). De **mansuetus** se formou o substantivo **mansuetudo** ("brandura, bondade, mansidão"), que está na origem das palavras *mansidão* em português, *mansedumbre* em espanhol, *mansuetudine* em italiano e *mansuetude* em francês e inglês.

Além de **mansuescere**, o verbo **suescere** também tem como composto **consuescere** ("acostumar, habituar, acostumar-se, ter o costume"), que por meio do particípio **consuetus** deu origem ao adjetivo **consuetudinarius** (em português, *consuetudinário*: "usual, costumeiro, habitual, ordinário").

Da forma clássica **consuetudo**, passando por **co(n)suetumen**, depois por **co(n)stumine**, chegou-se ao português *costume* ("hábito, modo de pensar e agir, moda"), ao espanhol *costumbre* ("hábito"), ao italiano *costume* ("conduta moral, conjunto de hábitos de um indivíduo ou grupo, traje, modo de se vestir"), aos vocábulos franceses *coutume* ("maneira de se comportar, hábito") e *costume* ("conjunto das características de uma época ou de um grupo social, modo de se vestir"), às palavras inglesas *custom* ("hábito, convenção, alfândega") e *costume* ("maneira de se vestir, vestuário, trajes típicos, fantasia, vestir").

OBESO

Este vocábulo tem um percurso etimológico interessante e dos mais curiosos. Trata-se de um adjetivo formado por composição, a partir do prefixo **ob-** + a forma **esus**, que é propriamente particípio perfeito do verbo **edere** ("comer, roer, devorar, consumir, arruinar"). Como normalmente acontece com os particípios perfeitos latinos, **esus** têm sentido passivo e transmite essa característica ao composto **obesus**, cujo significado primitivo, embora raro, tenha sido o de "roído", acompanhado das acepções "descarnado, chupado"; seguiu-se o significado figurado de "magro, franzino". Digamos que *obesus*, ou seja, a "coisa roída", tem como efeito da ação sofrida sua porção diminuída, míngua, rareia; daí, em sentido figurado, torna-se delgada, magra. Como se percebe, trata-se de um conjunto de significados opostos às acepções que conhecimentos para *obeso* em português.

142

Das acepções iniciais "roído, descarnado, magro", a palavra assume os significados que conhecemos por uma questão de ambiguidade que pode ser explicada gramaticalmente. Embora o elemento verbal integrante de **obesus** seja uma forma passiva (que pressupõe um sujeito recebendo uma ação), passa-se a lhe atribuir significados como se na verdade sua natureza fosse a de uma forma ativa (o sujeito não é um receptor da ação, mas seu executor). De "coisa roída, comida, devorada", **obesus** passa a ser interpretado como "o que roeu, o que comeu, o que devorou"; a partir daí, passa ao significado de "bem nutrido" e então a "gordo, espesso", estes últimos indicando mais especificamente os efeitos do ato de alimentar-se, nutrir-se, ainda mais quando em abundância.

Do verbo **edere**, por meio de seu composto **com-edere** ("comer, devorar"), veio o verbo *comer* em português e em espanhol. Alguns dicionários também admitem a possibilidade de **edere**, por meio do particípio presente **edens**, estar na origem da palavra **dens**, do qual provém o substantivo *dente*. Como cognatos de **dens** temos o grego *odoús, odóntos* ("dente") e o inglês *tooth* ("dente").

O verbo **edere** provém da mesma raiz indoeuropeia **ed-* que também deu origem ao verbo inglês *to eat* ("comer").

PASSO

Proveniente do substantivo **passus**, formado a partir do radical do particípio perfeito *passus*, do verbo **pandere** ("estender, desdobrar, afastar, abrir afastando").

Passus em latim significa originariamente "afastamento das pernas", movimento necessário no deslocamento de uma pessoa quando essa caminha a pé, dando passos; indica também o "espaço compreendido entre as pernas devido a esse afastamento".

De **passus** surgiu, no latim vulgar, o verbo **passare**, que resultou em português no verbo *passar* ("percorrer distância no tempo ou no espaço, atravessar, transcorrer").

De **passare** formou-se **compassare** ("medir com o passo"), que resultou no português *compassar* ("medir com o compasso, medir, calcular, dividir a música em tempos"). Também de **compassare**, por meio do francês *compasser* ("medir, ordenar") e seu derivado regressivo *compas* ("medida, regra, instrumento de medida"), chegou-se ao português *compasso*, que designa várias espécies de "instrumentos ou unidades de medida" e, na música, "a medida regular, o andamento cadenciado, o ritmo".

Do mesmo verbo **pandere** provém o composto **expandere** ("estender, desdobrar, abrir"), que resultou em português nas palavras *expandir, expansão, expansivo*.

Em francês, o substantivo *pas* ("passo") é historicamente o mesmo da conhecida forma de negação *ne... pas*. Nessa expressão, *pas* em princípio aparecia acompanhando apenas verbos intransitivos de movimento e não indicava, por si só, a negativa, mas tinha a função de acentuá-la, como no exemplo a seguir: *ne bouger pas* ("não se movimentar nem um passo").

PASTO

Proveniente do substantivo **pastus**, formado a partir do particípio perfeito **pastus**, do verbo **pascere** ("alimentar, nutrir, engordar, apascentar, pastar").

Pastus indica primordialmente a "alimentação vegetal dos animais, o pasto, a pastagem", passando a designar posteriormente também o "alimento do homem", assim como a "alimentação espiritual".

O português preserva ambos os sentidos (o agrário e o religioso) na palavra *pastor*. Note-se que o vocábulo *pasto* em português preserva semanticamente a noção da finalidade a que serve, ou seja, "alimentação", principalmente a do gado, embora alguns dicionários de língua portuguesa lhe atribuam também significados menos comuns, como o de sustento de pessoas e alimento do espírito. Nesse sentido, é interessante observar que *pasto*, em italiano, é comumente empregado com o significado de "refeição"; daí seu composto *antipasto*, "o prato que se serve antes da refeição" (de *antipasto* temos em português *antepasto*).

Do verbo **pascere** também veio *apascentar* ("pastorear, levar ao pasto, nutrir").

PRAZER

Proveniente do infinitivo presente do verbo **placere** ("agradar, ser agradável, parecer bem, ser do agrado de, ser tido por bom"), assumiu em português o valor de substantivo, assim como ocorreu em francês *(plaisir)*, em italiano *(piacere)*, espanhol *(placer)*, em romeno *(plăcere)* e em inglês *(pleasure)*.

Como verbo formado a partir de **placere**, tem-se em português *aprazer* (a- + prazer) ("provocar ou sentir prazer, contentar-se"); em francês, *plaire*; em italiano, *piacere*; em espanhol, *placer*; em inglês, *to please*.

Do mesmo verbo **placere**, por meio do radical do particípio perfeito **placitus** ("que agradou"), provêm o substantivo *prazo*, originariamente vinculado à expressão **dies placitus** ("dia que foi do agrado, dia que pareceu bem, dia tido por bom").

Da forma da primeira pessoa do singular do presente do indicativo de **placere** provém o termo **placebo** ("eu agradarei"), que no contexto farmacêutico designa uma substância inerte, neutra, sem efeitos farmacológicos que, ministrada a uma pessoa em substituição ao medicamento verdadeiro e sem que essa pessoa saiba, pode ocasionar efeitos benéficos que são de natureza psicológica, não decorrentes da ação de substâncias terapêuticas.

RASO

Vocábulo originário do verbo **radere** ("raspar, tirar raspando, arranhar, esfolar, varrer, riscar, apagar") por meio do particípio perfeito **rasus** ("raspado, aplainado, polido, cortado").

É interessante observar que alguns dos significados iniciais dados ao adjetivo *raso* pelo Houaiss são os de "cortado pela base, pela raiz", "sem elevações", "que se ergue pouco acima do solo, rasteiro, rente", "raspado", todos eles se referindo sobremaneira ao solo, à vegetação ou aos cabelos. Assume o significado de "algo com pouca profundidade" quando se passa a falar de líquidos, água, piscina, tanque, lago, mar.

Da mesma raiz de *raso* vêm os vocábulos:

- *rasura* ("risco ou raspagem feito na parte escrita de um texto", do substantivo **rasura**, "ação de raspar, raspagem");

- *rast(r)o* (de **raster**, que designava um "instrumento agrícola utilizado entre outras coisas para desfazer os torrões de terra"); do fato de o **raster** passar pelo solo arrastando seus dentes, deixando marcas de sua passagem, a palavra *rastro* adquiriu, por generalização semântica, a noção de "vestígio deixado por alguma coisa ao passar"; o substantivo *rastelo* provém de **rastelli**, diminutivo de **raster**, e mantém aproximadamente a mesma acepção do vocábulo latino que lhe deu origem;

- *rasteiro* (de *rasto* + *-eiro*), "que se arrasta pelo chão, que se eleva pouco acima do solo"; *rastejar* (de *rasto* + *-ejar*), "mover-se tocando o chão, seguir os rastos ou a pista de"; *arrastar* (de *a-* + *rasto* + *-ar*), "levar ou trazer de rasto"; *rastrear* (de *rastro* + *-ear*), "seguir o rastro ou a pista de".

De *radere* tem-se o composto **eradere** (de **e-** + **radere**, "raspar, tirar raspando, eliminar, apagar"), que a partir do radical do particípio perfeito **erasus** deu origem aos vocábulos ingleses *to erase* ("apagar, raspar, rasurar"), *eraser* ("apagador, borracha para apagar"), *erasable* ("apagável, raspável").

RÉPTIL

Proveniente do adjetivo **reptilis** ("que se arrasta"), formado a partir do radical do particípio perfeito **reptus**, do verbo **repere** ("rastejar, arrastar-se, andar de rastos").

Por fazer alusão a animais rasteiros, que podem ferir de maneira inesperada e imprevista, entende-se o fato de *réptil* ter adquirido a conotação figurada pejorativa de algo traiçoeiro.

Do mesmo radical **rept-** formou-se o substantivo *sub-repção* (de **subreptio**, "ação de entrar às escondidas") e adjetivo *sub-reptício* (de **subrepticius,** "clandestino, subtraído"). Ambos os vocábulos têm como base o verbo **subrepere**, composto de **sub-** + **repere** ("introduzir-se debaixo, penetrar sem ruído, avançar clandestinamente").

Observe-se que, do ponto de vista do significado, as duas palavras acima carregam a noção da característica rasteira típica do andar rastejante, reforçada pelo prefixo **sub-** ("debaixo"), o que intensifica a ideia de um movimento feito às ocultas, sem ser percebido. Isso explica facilmente que *subrepção,* assim como *subreptício,* tenham assumido significados vinculados às ideias de ações que se buscam esconder, como "fraude, logro, dissimulação, dolo, subtração, furto".

SALTO

Provém do substantivo **saltus** ("salto, pulo"), formado a partir da raiz do particípio perfeito **saltus**, do verbo **salire** ("saltar, pular, dançar, brotar, rebentar").

Do particípio presente **saliens** ("que salta, que pula"), temos em português o adjetivo *saliente* ("que avança, que sobressai, evidente, notório"), do qual deriva o substantivo *saliência* ("elevação, eminência ou relevo em determinadas superfícies").

Do particípio perfeito **saltus** formou-se um outro verbo em latim, **saltitare**, de valor frequentativo, ou seja, indicando ação repetida ("saltar repetidas vezes" e, posteriormente, "dançar"); de **saltitare** procede o verbo *saltitar* ("dar pequenos e repetidos saltos").

Do verbo **resilire** ("saltar para trás, voltar saltando, recolher-se, recuar"), composto do prefixo **re-** ("volta, regresso, repetição, movimento para trás") + **salire**, provêm:

- o verbo *resilir* ("voltar ao ponto de partida, rescindir, anular");

- o substantivo inglês *resilience* ("elasticidade, capacidade rápida de recuperação"), de onde se originou em português o substantivo *resiliência* ("capacidade que alguns corpos têm de retornar à forma original após sofrer deformação elástica, capacidade de se recobrar ou se recuperar");

- o adjetivo inglês *resilient* ("elástico"), formado do particípio presente latino **resiliens**; de *resilient* se originou o adjetivo *resiliente* ("que tem resiliência, elástico");

Da composição entre o prefixo **re-** + **saltus** surgiu em latim o verbo **resultare** ("saltar para trás, retumbar, fazer eco"), donde, em português, *resultar* ("ser a consequência ou efeito de, ser proveniente de, reverter, derivar, seguir-se").

Salire está na origem dos verbos *sair* ("ir de dentro para fora") em português e *salire* ("subir") no italiano. Interessante notar que, dentre esses dois verbos, *salire* preserva-se semanticamente mais próximo à sua origem, indicando a ideia mais particularizada de "movimento de baixo para cima", enquanto que *sair* desenvolveu o significado mais generalizado de "deslocamento do interior ao exterior de algo", sem a nuance de trajetória ascendente.

SERPENTE

Proveniente do verbo **serpere** ("rastejar, avançar lentamente, introduzir-se furtivamente"), por meio do particípio presente substantivado **serpens** ("que rasteja", daí "serpente").

Segundo Houaiss, **serpens** passou a ser usado em latim como eufemismo em substituição ao nome **anguis** ("cobra, serpente"), que designava o animal maligno.

Serpere é cognato do verbo grego *herpó* ("arrastar-se, avançar lentamente; mover-se; alastrar"), que deu origem a dois elementos de composição na área das Ciências Biológicas:

- um deles *herp-*, empregado na medicina em alguns termos técnicos alusivos a *herpes*, indicando etimologicamente "uma doença eruptiva da pele, que se <u>alastra pouco a pouco[6]</u>");

---

6 Grifo nosso.

- o outro elemento, de associação semântica mais óbvia, é **herpeto-**, que a partir do século XIX é bastante utilizado em termos pertencentes ao campo da zoologia, em referência aos répteis.

TATO

Vocábulo que em português designa o sentido por meio do qual recebemos as sensações de contato e daí percebemos forma, consistência, temperatura e aspereza. Provém do substantivo **tactus** ("ação de tocar, toque, sentido do tato"), formado a partir do particípio perfeito **(tactus)** do verbo **tangere** ("tocar").

De **tangere** também provêm:

- o verbo *tanger* ("tocar, chegar até, atingir, referir-se a");

- o particípio presente **tangens** ("que toca"), que está na origem do termo *tangente* ("que tange ou toca"), que conhecemos tão bem das aulas de geometria;

- **tactilis** ("que se pode tocar, palpável"), formado do particípio perfeito **tactus** e de onde provém o adjetivo *tátil* ("relativo ao tato, passível de se tocar").

- **intactus**, formado pela composição do prefixo de negação **in-** + **tactus** ("não tocado"), que resultou em *intacto* ("que não foi tocado").

O composto **contingere** (**cum** + **tangere**) traz os significados de "tocar, atingir, chegar a, ter contato ou relações com, acontecer":

- seu particípio presente **contingens** deu origem às palavras *contingente* ("que pode ou não acontecer, incerto") e seu derivado *contingência*.

Carregam uma carga de significados mais abstratos relacionados às ideias de "acontecimento, ocorrência".

- do particípio perfeito **contactus** provém o substantivo **contactus**, do qual vem o vocábulo *contato* ("toque, comunicação, relacionamento, conexão, junção"). Seus significados estão mais próximos às acepções propriamente concretas relacionadas à noção primordial de "toque";

- deste verbo também provém **contagium** ("contato, união"), que resultou na palavra *contágio* ("transmissão, distribuição ou disseminação de algo por contato direto ou indireto"), e **contiguus** ("que toca, que atinge, próximo, ao alcance de"), que está na origem de *contíguo* ("que toca algo, que está próximo, vizinho").

Do substantivo *tato* provém, por derivação *(tato + -ear)*, o verbo *tatear* ("apalpar ou tocar de leve alguma coisa")

TETO

Proveniente do substantivo **tectum** ("cobertura, telhado, abrigo, teto, casa"), formado a partir do particípio perfeito **tectus** ("coberto, abrigado, protegido") do verbo **tegere** ("cobrir, vestir, ocultar, proteger").

Do composto **detegere (de- + tegere**, "tirar aquilo que cobre, descobrir") por meio do radical do particípio perfeito **detectus** vem o verbo inglês *to detect*, raiz do verbo *detectar* ("revelar, descobrir algo encoberto ou escondido"). Da mesma raiz **detect-** vem o substantivo *detetive*, via inglês *detective* ("agente encarregado de investigar casos para descobrir fatos obscuros ou pouco acessíveis"); o *detetive* é, etimologicamente falando, "aquele que tira o que cobre e esconde algo".

Do composto **protegere** (**pro-** + **tegere**, "cobrir pela frente, abrigar, proteger") vieram, além do verbo *proteger* ("abrigar ou cobrir para isolar de perigos ou ameças, defender"), os substantivos *proteção* (de **protectio**, "ato de proteger, proteção") e *protetor* (de **protector**, "defensor, protetor"), estes dois formados do radical do particípio perfeito **protectus**.

Do mesmo radical **teg-** de **tegere** vieram as palavras *telha* ("peça usada na cobertura de casas e edifícios em geral", a partir do substantivo **tegula**, "telha, cobertura") e *tegumento* ("conjunto formado pela pele e seus anexos, estrutura que reveste um órgão", a partir do substantivo **tegumentum**, "cobertura, vestido, abrigo, proteção")

TREMENDO

Adjetivo proveniente do verbo **tremere** ("tremer, palpitar, agitar--se, tremer de medo"), por meio da forma do gerundivo **tremendus** ("que faz tremer; que deve ser temido, temível, terrível, tremendo"). *Tremendo* em português significa "capaz de fazer tremer; que causa horror, assombro; de grande intensidade; respeitável".

De **tremere** veio o verbo *tremer*; de seu derivado **tremor** ("tremor, agitação, estremecimento") provém o substantivo *tremor*.

VETOR

Proveniente do substantivo **vector** ("aquele que transporta, o que leva") e formado a partir do radical do particípio perfeito **vectus** do verbo **vehere** ("transportar").

Em português, a palavra *vetor* está sempre associada às noções de "transporte, transmissão, transferência, condução, orientação para determinada direção".

Por exemplo: em cálculo vetorial, o vocábulo indica o segmento de reta orientado; em Infectologia, indica o ser vivo capaz de transmitir um agente infeccioso; na Biologia, diz respeito ao animal capaz de transmitir parasita entre hospedeiros.

Do mesmo verbo provém o vocábulo *veículo* (de **vehiculum**, "meio de transporte").

Palavras irmãs

Trataremos, neste item, de um processo muito interessante de formação de palavras. O que convencionamos definir aqui como *palavras irmãs* é, na verdade, reconhecido pela Linguística como *alotropia*, fenômeno que explica a formação de dois ou mais vocábulos a partir de um mesmo étimo. As palavras alótropas, embora provenham de um mesmo vocábulo, apresentam entre si divergências quanto às formas, os significados, o tempo de existência na língua portuguesa e o caminho de entrada na língua (via erudita ou popular); também podem divergir quanto a sua classe gramatical (substantivo, adjetivo). Por isso, os alótropos são também classificados pela Linguística como "formas divergentes".

Um ou outro emparelhamento apresentado a seguir pode constituir uma ocorrência particular de alotropia, como é o caso de *mestre/ maestro/maître/máster*. Nesse grupo, embora as palavras tenham uma origem latina única, nem todas provêm diretamente desse étimo comum. Três delas passaram por um processo intermediário, tendo chegado ao português não diretamente do latim (culto ou vulgar), mas como empréstimos de línguas estrangeiras (corrente estrangeira).

153

Ainda assim, é possível analisá-las pelos mesmos parâmetros que os demais grupos, principalmente quanto a semelhanças e divergências semânticas e tempo de existência na língua portuguesa.

AGOSTO / AUGUSTO

Origem: adjetivo **augustus**

Primeiro registro escrito na língua portuguesa:
agosto (séc. XII-XIII); *augusto* (séc. XVI);

Em latim, **augustus** é originariamente um adjetivo cujo significado é "majestoso, venerável, santo, sagrado"; etimologicamente designa "o consagrado pelos *augures*", que eram sacerdotes com o dom de adivinhar o futuro por meio da interpretação do voo e do canto das aves e que, em princípio, pressagiavam o futuro anunciando o *crescimento* ou *incremento* de algum empreendimento. Daí se explica a associação etimológica de **augur** e, por conseguinte, de **augustus**, com o verbo **augere** ("fazer crescer, aumentar, elevar em honra, glorificar").

O adjetivo *augusto* em português mantém, em sua essência, as mesmas noções abarcadas pelo adjetivo latino ("venerável, majestoso, solene, santo, sagrado"). O uso da palavra como nome próprio vem do uso do termo **augustus** como epíteto de honraria conferido em 27 a.C. pelo senado Romano ao Imperador Otávio, que passou a ser conhecido na posteridade pelo título de veneração que lhe foi conferido: **Augustus**.

O substantivo *agosto*, embora tenha em português um uso bem distinto, provém do mesmo contexto. O oitavo mês do ano romano tinha o nome de **Sextilis**, tendo sido posteriormente modificado, por decisão do Senado, para **Augustus (mensis)** em honra ao mesmo imperador Augusto, após ele ter derrotado Marco Antônio e Cleópatra e ter anexado o Egito ao território do Império Romano, eventos ocorridos exatamente no **Sextilis mensis**.

BENDITO / BENTO

Origem: adjetivo **benedictus**

Primeiro registro escrito na língua portuguesa:
bendito (séc. X); *bento* (séc. XIII);

O adjetivo **benedictus** é, propriamente, o particípio perfeito do verbo **benedicere (bene + dicere)**, que como verbo intransitivo significa "pronunciar palavras de bom agouro, dizer bem de, elogiar"; e como verbo transitivo significa "abençoar, consagrar".

Apesar de *bendito* e *bento* se manterem semanticamente bastante próximas, não são propriamente sinônimas. *Bento* costuma estar relacionado, na liturgia católica, à ideia de algo ou alguém agraciado pela ação de benzer ou abençoar (ex.: água benta, palma benta, pão bento); *Bendito*, além de se referir ao abençoado, indica também a pessoa generosa, feliz ou bem-aventurada.

Outra particularidade de *bento* em relação a *bendito* é seu uso como nome próprio, seja na designação do santo conhecido como *São Bento* (sécs. V e VI d.C.), seja nos nomes de sumos pontífices da Igreja Católica (ex.: *Bento XVI*), seja como nome de batismo de pessoas comuns (ex.: *Antônio Bento*).

Outra palavra com a mesma origem de *Bento* é o substantivo próprio *Benedito*, nome consagrado a partir da designação do santo conhecido como *São Benedito* (séc. XVI d.C.) e que, assim como *Bento*, é usado como nome de batismo de pessoas comuns. Cumpre mencionar um dado curioso a respeito dessas duas palavras. Se em português dispomos de um nome para nos referirmos ao santo fundador da Ordem Beneditina *(São Bento)* e ao papa atual *(Bento*

155

XVI) e de outro para nos referirmos ao santo de origem africana que viveu no século XVI *(São Benedito)*, outras línguas neolatinas têm uma única opção em todos esses casos: o italiano possui *Benedetto*; o francês, *Benoît*; o espanhol, *Benito*. O mesmo acontece com o inglês *(Benedict)*.

BRINCO / VÍNCULO

Origem: substantivo **vinculum**

Primeiro registro na língua portuguesa:
brinco (séc. XVI); *vínculo* (séc. XVII)

Vinculum em latim significa "laço, liame, prisão", indicando tudo o que serve para atar. Deriva do verbo **vincire** ("ligar, atar, prender, amarrar, juntar").

Brinco em português é "o ato de brincar, brincadeira, divertimento, brinquedo". Também designa a joia usada nas orelhas, joia em sentido mais amplo: o de enfeite, ornamento. Embora a origem da palavra *brinco* possa ser considerada controversa, geralmente postula-se que ela tenha origem em **vinculum**, conforme indicado acima. O percurso etimológico dessa palavra em português teria ido de "pingente para orelha, joia", evoluindo posteriormente para "enfeite das chupetas das crianças, divertimento, jogo de crianças". De *brinco* deriva o verbo *brincar*.

Ao contrário de *brinco*, *vínculo* apresenta um elo semântico mais patente e direto com **vinculum**, uma vez que entre os principais significados da palavra estão os de "aquilo que ata, nó, liame", além das acepções mais abstratas de "relação, relacionamento, o que liga duas ou mais pessoas".

CADEIRA / CÁTEDRA

Origem: grego *kathédra*, via latim **cathedra**

Primeiro registro na língua portuguesa:
cadeira (séc. X); *cátedra* (séc. XIV)

Forma popular: *cadeira*

Forma culta: *cátedra*

Em latim, o substantivo **cathedra** tem os significados de "cadeira, assento; cadeira de professor, cadeira e funções episcopais".

Em português, *cadeira* pode indicar, no conjunto de suas acepções, tanto as noções de "assento, posto", como as de "cargo, função, disciplina ensinada"; já o vocábulo *cátedra* se especializou nestas últimas noções, deixando de lado os significados mais concretos relacionados à ideia de "assento" como peça de mobília sobre a qual uma pessoa se acomoda sentando-se.

CATAR / CAPTAR

Origem: verbo **captare**

Primeiro registro na língua portuguesa:
catar (séc. XIII); *captar* (séc. XVII)

O verbo **captare** significa "procurar apanhar; tomar, procurar obter; captar". Deriva de um outro verbo **capere** ("agarrar, tomar nas mãos, pegar, apoderar-se de, obter, alcançar") por meio do radical do particípio perfeito **captus**. Em latim, via de regra, quando um verbo deriva diretamente de outro, ele tem natureza frequentativa, ou seja, indica ação repetida ou prolongada ou intensificada. Sendo assim, **captare**, não obstante indicar a mesma ação de **capere**, qual seja "pegar, apanhar, tomar", traz a nuance do prolongamento da ação, aqui expressa não apenas no ato em si de "tomar", como também na(s) tentativa(s) de executá-la, ou implicitamente na insistência em se apoderar de algo.

Catar (introduzido na língua portuguesa via radical vulgar *cat-*) e *captar* (introduzido via radical culto *capt-*) são facilmente relacionáveis semanticamente a suas origens e apresentam entre si certa proximidade quanto ao conjunto de seus significados, no entanto não são sinônimos. *Catar* tende a significações mais concretas, além de seu emprego se concentrar em situações relativamente mais informais. *Captar* abrange, na maioria de suas acepções, noções mais abstratas (ex.: *captar a simpatia de alguém*), além de indicar a capacidade intelectual de compreensão dos fatos (ex.: *captar a mensagem nas entrelinhas*)[7] e apresentar determinados significados atrelados a usos mais específicos ou técnicos (ex.: *captar recursos; captar água; captar ondas de rádio; tecidos claros captam menos calor*)

CHAMA / FLAMA

Origem: substantivo **flamma**

Primeiro registro na língua portuguesa:
chama (séc. XIII); *flama* (séc. XIV)

Forma popular: *chama*

Forma culta: *flama*

Flamma em latim significa "chama, incêndio, fogo"; também contempla "chama" em seu sentido figurado de "paixão".

---

7   A acepção de "capacidade intelectual de apreender ou entender as coisas" é o significado predominante do verbo italiano *capire*, que provém diretamente de **capere**.

Chama e *flama* apresentam muitos de seus significados diretamente relacionados às acepções da palavra que as originou ("labareda, incêndio, fogo, ardor"), podendo ser empregadas como sinônimos em algumas situações. *Flama*, no entanto, possui um matiz mais formal e literário.

CHAMAR / CLAMAR

Origem: verbo **clamare**

Primeiro registro na língua portuguesa: *chamar* (séc. XIII); *clamar* (séc. XV)

Forma popular: *chamar*

Forma culta: *clamar*

Clamare, como verbo intransitivo, significa "gritar, aclamar em altos gritos"; como verbo transitivo significa "gritar por, chamar em voz alta, proclamar". Tem a mesma procedência do verbo **calare** ("chamar, convocar, proclamar, anunciar") e do adjetivo **clarus** ("claro, sonoro, distinto sonoramente, compreensível, manifesto").

Chamar apresenta significados na maioria das vezes relacionados à ideia de "tentativa de comunicação por meio da voz, em geral dizendo o nome de alguém, ou por meio de algum outro sinal, sonoro ou não". *Clamar*, além de uma acepção próxima ao significado original de seu étimo ("gritar, bradar"), apresenta significados relacionados às ações de "suplicar, implorar, reclamar, exigir". Além de seus diferentes caminhos de entrada na língua portuguesa e suas diferenças semânticas, ambas as palavras apresentam uma outra divergência. Todos os compostos de **clamare** em latim ingressaram em português pela via erudita, o que explica sua perfeita correspondência formal com *clamar* e não com *chamar*. Sendo assim, temos em português os verbos *aclamar, declamar, exclamar, preclamar, proclamar,* *reclamar*, como oriundos dos verbos compostos latinos **acclamare** ("gritar, direcionar gritos a alguém"), **conclamare** ("gritar juntamente, chamar aos gritos"), **declamare** ("expor um assunto num exercício preparatório, exercitar-se a falar em voz alta"), **exclamare** ("gritar, elevar muito a voz, soltar gritos de surpresa ou admiração"), **proclamare** ("gritar fortemente"), **reclamare** ("gritar contra, protestar contra, responder a, retumbar, chamar várias vezes")

CHÃO / PLANO

Origem: adjetivo **planus**

Primeiro registro na língua portuguesa:
chão (séc. XIII); *plano* (séc. XIV)

Forma popular: *chão*

Forma culta: *plano*

Em latim, o adjetivo **planus** significa "plano, liso, igual, uniforme, de superfície plana, sem asperezas, chato".

Em português, tanto *plano* como *chão* são registrados pelos dicionários como adjetivo e substantivo. O adjetivo *chão*, embora de uso bastante raro, tem aproximadamente os mesmos significados que o adjetivo *plano*. Ambos são semanticamente similares a **planus**. Como substantivo, *chão* é definido em uma de suas primeiras acepções como "superfície de certa extensão e relativa homogeneidade, que homens e animais podem pisar e que serve de sustentação para as coisas".

Plano, como substantivo, significa a princípio "superfície plana limitada". Posteriormente passa a designar também "representação, em projeto horizontal, de uma construção", de onde se expandiu para a indicação de "esboço ou desenho de uma obra qualquer", chegando por fim a um dos significados mais usuais do substantivo, o de "projeto elaborado que comporta uma série de operações ou meios e que se destina a uma determinada finalidade".

CHEIO / PLENO

Origem: adjetivo **plenus**

Primeiro registro na língua portuguesa:
cheio (séc. XIII); *pleno* (séc. XVIII)

Forma popular: *cheio*

Forma culta: *pleno*

Em latim **plenus** significa "cheio; pleno; intenso; forte; longo; extenso; abundante; inteiro; completo". Deriva do verbo **plere** ("encher"), cujos compostos **complere** (**cum-** + **plere**, "encher inteiramente, concluir, acabar"), **replere** (**re-** + **plere**, "encher de novo, encher até a boca, completar") e **implere** (**in-** + **plere**, "encher, saciar, fartar, concluir") resultaram nos vocábulos *cumprir* ("realizar, executar, preencher, completar"), *comprido* ("extenso, longo"), *completo* ("cumprido, perfeito, completado"), *repleto* ("cheio, abarrotado") e *encher* em português.

Embora *pleno* e *cheio* sejam próximos semanticamente, não é comum serem empregados um pelo outro. O adjetivo *cheio* tende às noções de "abundância, fartura, grande quantidade, volume ou concentração, adensamento". *Pleno*, embora em alguns casos possa ser empregado como um sinônimo mais culto de *cheio*, tem usos que lhe são mais peculiares, relacionados às qualidades de "completo, perfeito, acabado".

CONTAR / COMPUTAR

Origem: verbo **computare**

Primeiro registro na língua portuguesa: *contar* (séc. XIII); *computar* (séc. XVII)

Forma popular: *contar*

Forma culta: *computar*

Computare, verbo composto de **cum-** ("com") + **putare** ("contar, calcular"), significa "calcular, contar, computar, contar com, acrescentar a".

Ambos os verbos em português apresentam significados relacionados à ideia primordial de "calcular" e em alguns casos podem ser utilizados como sinônimos, embora *computar* remeta a um matiz mais formal ou técnico. Em relação ao verbo *contar*, cumpre observar que o significado de "narrar" deriva da acepção que o verbo adquiriu a partir do século XV, via popular, de "enumerar os detalhes de um acontecimento".

Assim como **computare** originou *computar* e *contar*, **computator** ("calculador, o que faz cálculos") está na origem dos substantivos *computador* ("calculador, máquina destinada ao processamento de dados") e *contador* ("o que conta, o que mede, contabilista, narrador").

CONCEIÇÃO / CONCEPÇÃO

Origem: substantivo **conceptio**

Primeiro registro na língua portuguesa: *conceição* (séc. XIV); *concepção* (séc. XV)

Forma popular: *conceição*

Forma culta: *concepção*

O substantivo latino **conceptio** significa "ação de conter, de encerrar, de receber; concepção" e deriva do verbo **concipere** (**cum + capere**, "tomar juntamente, reunir, recolher, conceber, gerar, criar, imaginar, apreender, compreender").

Conceição e *concepção* coincidem em seus significados essenciais. No entanto, em algumas acepções (como em "ação de conceber, ato de gerar, faculdade de formar ideias") *conceição* caiu em desuso. Seu emprego é muito mais comum no campo eclesiástico, na expressão *Imaculada Conceição*, criada a partir do dogma da concepção sem pecado da Virgem Maria, ou seja, a partir da crença de que a Mãe de Jesus teria sido concebida sem a mancha ou mácula do pecado original. Este uso como epíteto da Virgem Maria explica sua larga ocorrência como nome próprio.

Concepção se desdobra em duas linhas principais de significado. Uma delas está relacionada ao campo da reprodução animal, em que o vocábulo designa o processo pelo qual o espermatozoide é recebido pelo óvulo e encerrado em seu interior, com subsequente união ou fusão entre ambos e decorrente geração de novo ser. Uma segunda linha de significado está ligada às operações do intelecto e indica a "capacidade intelectual de apreender uma ideia, de compreender algo", ou então "trabalho de criação, ideia, plano" e daí "imaginação, fantasia".

CUIDAR / COGITAR

Origem: verbo **cogitare**

Primeiro registro na língua portuguesa:
cuidar (séc. XIII); *cogitar* (séc. XVIII)

Forma popular: *cuidar*

Forma culta: *cogitar*

Cogitare em latim significa "pensar, refletir, ponderar, conceber". Conforme se percebe facilmente, todos esses significados indicam operações mentais. Se nos reportarmos às origens desse verbo, perceberemos que seus componentes estão relacionados a ideias semanticamente mais concretas. **Cogitare** é um verbo composto formado da junção do prefixo **cum** + o verbo **agitare**. **Cum**, como prefixo, indica neste caso a intensificação da ação verbal. O verbo **agitare**, por sua vez, significa "impelir com força, fazer muitas vezes, praticar", acepções essas mais concretas; posteriormente, o verbo em questão adquire também significados mais abstratos, como "remover constantemente no espírito, pensar, refletir", que antecipam os sentidos que assume **cogitare**. No caso de **agitare**, percebem-se em algumas de suas acepções as noções de intensificação, repetição ou retomada da ação, o que o caracteriza como verbo frequentativo. Em latim há duas maneiras de reconhecer os verbos que pertencem a essa categoria: quando são formados diretamente a partir de radicais de outros verbos, ou quando derivam de outros verbos por meio do acréscimo do sufixo **–itare**. **Agitare** remonta ao verbo **agere** ("impelir, conduzir, fazer"), que resultou em português no verbo *agir*. Em português, *agitar* preserva nitidamente em suas acepções mais básicas ("mover com frequência, mexer repetidas vezes") o caráter frequentativo de sua raiz latina.

Em português, tanto *cuidar* como *cogitar* apresentam significados relacionados a ações mentais como "pensar, refletir, meditar", além disso, em suas acepções primeiras subsiste a herança da nuance frequentativa: *cuidar* é "meditar com ponderação", *cogitar* é "pensar com insistência". No conjunto de seus significados, *cuidar* indica ações que trazem consigo a ideia acessória de *atenção* ("prestar atenção em, fazer com atenção, preocupar-se com, tomar conta, responsabilizar-se por, prevenir-se"); *cogitar* designa ações relacionadas às ideias de "meditação" e "intenção".

DEDO / DÍGITO

Origem: substantivo **digitus**

Primeiro registro na língua portuguesa:
dedo (séc. XIII); *dígito* (séc. XVI)

Forma popular: *dedo*

Forma culta: *dígito*

Digitus em latim designa o "dedo", quer no contexto anatômico, como "extensão final articulada das mãos e dos pés", quer no contexto matemático, como "unidade de medida correspondente à 16ª parte do pé romano".

Dedo, em seus sentidos mais referenciais, remete ao mesmo significado anatômico de **digitus**. Já o vocábulo *dígito*, embora seja registrado como sinônimo de *dedo*, apresenta um matiz mais formal; além disso, seu uso nessa situação é raro, sendo mais comum seu emprego nos campos da aritmética, designando "sinal que representa os números graficamente", e da informática, como sinônimo de "algarismo". O uso do vocábulo *dígito* na matemática, em uma acepção distante do contexto de seu étimo **digitus**, se explica pelo costume que procede sobretudo de civilizações primitivas de usar os dedos como instrumento de numeração, cálculo e contagem. Dessa tradição advém, por exemplo, o sistema de contagem decimal (inspirado no total de dez dedos das duas mãos). Além disso, o emprego do termo *dígito* como sinônimo de "algarismo" está em consonância com o raciocínio do cálculo digital, sistema que se baseava nas diferentes posições dos dedos das mãos para representar e identificar os números.

DEITAR / DEJETAR

Origem: verbo **dejectare**

Primeiro registro na língua portuguesa:
deitar (séc. XIII); *dejetar* (séc. XVIII).

Dejectare significa "jogar para baixo, derrubar". Provém do verbo **dejicere** ("derrubar, fazer cair"), por meio do particípio perfeito **dejectus** ("lançado abaixo"). **Dejicere**, por sua vez, é formado da composição do prefixo **de-** (que indica "movimento de separação, movimento de cima para baixo") + o verbo **jacere** ("lançar, atirar, arremessar").

Deitar e *dejetar*, embora sejam usados em contextos distintos e não se caracterizem como sinônimos, mantêm uma proximidade semântica entre si e com seu étimo **dejectare**. O verbo *deitar*, em seu significado mais usual ("jogar para baixo, por abaixo"), preserva nitidamente ideia de movimento de cima para baixo, embora indique ação menos brusca que as de "arremessar" e "derrubar". As noções de "lançar, atirar, jogar" estão presentes em outros significados do verbo, em que, por outro lado, se dissipa a ideia acessória de movimento descendente. *Dejetar* apresenta como significado primordial "excretar matéria fecal", de emprego específico no contexto das necessidades fisiológicas dos seres humanos e dos animais. Por extensão, *dejetar* passou a indicar também o ato de "expelir" num sentido mais generalizante. Percebe-se, então, que *dejetar* preserva as noções de "lançar", com a ideia acessória de "movimento de dentro para fora" (em todas as suas acepções).

ESPREMER / EXPRIMIR

Origem: verbo **exprimere**

Primeiro registro na língua portuguesa:
espremer (séc. XIV); *exprimir* (séc. XV)

O verbo latino **exprimere** significa "fazer sair, apertando; extrair, tirar de" e se origina da composição do prefixo **ex-** (que indica "movimento de saída") + o verbo **premere** ("apertar").

Espremer e *exprimir* não são sinônimos em nenhuma situação e, embora preservem alguma coincidência semântica, ela é bastante sutil e requer um pouco mais de atenção para ser identificada. *Espremer* tem como significado primordial e mais comum "comprimir, apertar para extrair líquido". Trata-se de acepção concreta e bem próxima à do verbo latino **exprimere**. Já o verbo *exprimir* assumiu significados mais abstratos ligados ao contexto do processo comunicativo, como "manifestar, revelar, dar a conhecer, expor, representar, significar". Mesmo com empregos marcadamente distintos, ambos os verbos preservam em comum a ideia acessória de "movimento feito de dentro para fora": *espremer* designa a "compressão que resulta na extração ou retirada de uma substância qualquer"; *exprimir* indica o "ato de exteriorizar, pôr para fora, colocar à mostra um sentimento, um pensamento, uma opinião".

FRIO / FRÍGIDO

Origem: adjetivo **frigidus**

Primeiro registro na língua portuguesa:
frio (séc. XII); *frígido* (séc. XVI)

O adjetivo latino **frigidus** significa, em sentido próprio, "frio, fresco, gelado", e, em sentido figurado, "insensível, indiferente, ocioso, fútil". Deriva do verbo **frigere** ("estar frio, ter frio"), que por sua vez remonta ao substantivo **frigus** ("o frio").

O adjetivo *frio* em português mantém praticamente os mesmos significados (físicos e morais) do vocábulo latino **frigidus**. No caso de *frígido*, embora os dicionários registrem as mesmas acepções básicas de seu cognato *frio* ("de baixa temperatura; insensível, indiferente, apático"), trata-se de um correspondente com matiz mais formal e literário. Além disso, o adjetivo *frígido* tem emprego bastante corrente no campo da sexualidade, sendo usado frequentemente e em sentido abstrato para designar a "pessoa acometida de falta de apetite sexual e incapaz de atingir o orgasmo", ou seja, a "pessoa sexualmente insensível, apática, sem ardor".

HOTEL / HOSPITAL

Origem: adjetivo **hospitalis**

Primeiro registro na língua portuguesa: *hotel*
(séc. XVIII); *hospital* (séc. XIII)

Em latim, **hospitalis** é originariamente um adjetivo com dois significados principais: "relativo aos hóspedes" e "hospitaleiro". Deriva de **hospes** ("hóspede, aquele que é recebido; estrangeiro; viajante"). Como substantivo, **hospitalis** designa em latim clássico o "hóspede", mas não o recinto. A raiz dessas palavras concentra os valores semânticos de "recepção, acolhida, abrigo, hospitalidade".

A palavra *hotel* não chegou ao português diretamente do latim; provém do francês *hôtel*, língua em que foi registrada pela primeira vez no século XI, com o significado de "hospedagem, alojamento". *Hôtel* advém do baixo latim **hospitale [cubiculum]**, propriamente "quarto destinado a receber hóspedes". O vocábulo *hospital*, a seu turno, tem origem direta no baixo latim **hospitalis [domus]**, que em princípio significava "casa que recebe hóspedes", passando posteriormente a designar "lugar de refúgio, abrigo" e, por fim, abarcando o significado atual de "local onde são internados e tratados doentes e pessoas feridas". *Hotel* e *hospital* preservam proximidade semântica decorrente de sua origem comum, uma vez que os dois vocábulos designam "local destinado a receber e abrigar pessoas". O que faz com que as duas palavras não sejam sinônimas em nenhuma de suas acepções e pertençam a contextos diferentes é a especialização de sentido que *hospital* adquiriu em relação a *hotel*, tanto no que diz respeito ao perfil das pessoas atendidas em cada local, como no que tange à finalidade com que elas se instalam nesses estabelecimentos: se um *hotel* recebe e aloja hóspedes que buscam pousada, descanso e entretenimento em viagens de lazer, trabalho ou negócios, um *hospital* recebe e abriga doentes e feridos que necessitam de tratamento de saúde.

INCHAR / INFLAR

Origem: verbo **inflare**

Primeiro registro na língua portuguesa:
inchar (séc. XIII); *inflar* (séc. XIV)

Forma popular: *inchar*

Forma culta: *inflar*

Inflare em latim significa "soprar em, soprar dentro, encher de ar". Trata-se de verbo composto, formado pelo prefixo **in-** ("para dentro de") + **flare** ("soprar").

Em português, tanto *inchar* como *inflar* apresentam em comum a ideia essencial de "intumescência, aumento de volume", tanto em sentido físico como moral. Todavia, enquanto *inchar*, em seus usos mais correntes, indica o "avolumar" num sentido generalizado, *inflar* designa em suas acepções mais concretas os atos específicos de "encher com ar, vento, ou gás". Nesse sentido, preserva um vínculo semântico mais estrito com o verbo latino *inflare*.

INTEIRO / ÍNTEGRO

Origem: adjetivo **integer (integru-)**

Primeiro registro na língua portuguesa:
inteiro (séc. XI); *íntegro* (séc. XIV)

Forma popular: *inteiro*

Forma culta: *íntegro*

Integer é palavra composta, formada pela junção do prefixo de negação **in-** + ***tag**, mesma raiz do verbo **tangere** ("tocar"). Seus significados primitivos são "não tocado, intacto, preservado, não danificado". Por extensão, passa a significar também "inteiro, completo, perfeito". Daí, por abstração, adquire os sentidos morais de "não corrompido, puro, honesto, virtuoso".

Embora ambos os adjetivos remetam às noções de "completo, total, perfeito", *inteiro* tende aos significados de "indiviso, sem frações, inteiriço, absoluto"; *íntegro*, com essas noções, é um correspondente mais formal e erudito de *inteiro*; no entanto, seu emprego mais comum se dá com significados abstratos e morais relacionados ao caráter do ser humano ("incorruptível, honesto, de conduta irrepreensível").

JEITO / JATO

Origem: substantivo **jactus**

Primeiro registro na língua portuguesa:
jeito (séc. XIV); *jato* (séc. XVII)

Jactus em latim significa "lançamento, arremesso, tiro". Provém do verbo **jacere** ("lancar, arremessar, atirar, jogar; pôr, colocar, estabelecer, dispor") por meio do particípio perfeito **jactus**.

O substantivo *jeito* está inserido naquele grupo de palavras que oferecem elevado grau de dificuldade de análise etimológica. Sua origem é conhecida, no entanto possui acepções acentuadamente abstratas em relação a seu étimo. Além disso é polissêmico, o que dá margem a várias conjecturas. **Jacere**, conforme se percebe, é um verbo de movimento: "lançar" pressupõe um impulso que provoca deslocamento numa determinada direção. De certa forma, ainda que tenuemente, essa noção poderia ser identificada em seu sentido mais concreto em dois significados da palavra *jeito* ("meneio, ligeiro movimento, gesto" e "torsão provocada por movimento em falso"). De modo mais abstrato, a noção de "impulso/deslocamento" ajudaria a explicar a palavra *jeito* também em significados abstratos associados às ideias de "propensão, inclinação, tendência, pendência para algo". Quando atentamos para o conjunto dos significados de **jacere**, verificamos também acepções como "pôr, colocar, estabelecer"; por aí é possível pensarmos em **jactus** como "ato de lançar, de estabelecer, de colocar" e, consequentemente, em *jeito* contendo acepções relacionadas às ideias de "colocação, disposição, arranjo". Sendo assim, sob essa perspectiva *jeito* indicaria etimologicamente "a maneira como uma pessoa se lança, se projeta, se coloca"; seria também "o modo como as coisas são postas, arranjadas, acomodadas, dispostas".

O substantivo *jato*, por sua vez, permite uma linha de raciocínio mais simples e objetiva, uma vez que apresenta um conjunto de significados mais concretos que remetem diretamente às ações designadas por **jacere**: "arremesso, lançamento, impulso".

LABORAR / LAVORAR / LAVRAR

Origem: verbo **laborare**

Primeiro registro na língua portuguesa: *lavrar* (séc. XIII); *lavorar* (séc. XIII); *laborar* (séc. XVI)

Forma popular: *lavrar*

Forma culta: *laborar*

Laborare em latim significa "trabalhar, esforçar-se, padecer, estar cansado". Deriva do substantivo **labor**, que designa a "fadiga decorrente da execução de um trabalho" e, por extensão, o "trabalho". Percebe-se nitidamente em **labor** o valor negativo atribuído ao trabalho, visto como sinônimo de sacrifício, sofrimento e dor. As mesmas noções norteiam a origem do verbo *trabalhar*, proveniente do românico **tripaliare**, este último derivado do substantivo **tripalium**, que era o nome dado um instrumento de tortura sustentado por três estacas **(tripalis)**.

Em relação a seu étimo, todas as três palavras da língua portuguesa apresentam, ao menos em parte, sentidos relacionados ao trabalho, quer em contextos mais gerais, quer em mais específicos. *Lavrar,* por exemplo, indica a ideia de trabalho em situações menos generalizantes; seu principal significado se aplica ao âmbito da atividade agrícola ("revolver ou sulcar a terra com instrumento agrícola, amanhar, cultivar"); além disso, *lavrar* também é "trabalhar uma pedra, cunhar moedas, preparar madeira com plaina, bordar; decretar, emitir". *Laborar*, como verbo transitivo, é um sinônimo erudito de *lavrar*. Como verbo intransitivo, designa "estar em atividade, exercer uma função" e também "incidir em erro". *Lavorar* se aplica sobretudo ao trabalho manual, de qualquer natureza ("bordar, fazer lavores em"); em sentido abstrato, também se aplica ao esforço mental ou intelectual.

LÁPIS / LÁPIDE

Origem: substantivo **lapis (lapid-)**

Primeiro registro na língua portuguesa:
lápis (séc. XVI); *lápide* (séc. XIX)

Lapis em latim significa "pedra". Pode também designar qualquer objeto feito de pedra (incluindo a pedra funerária e o monumento fúnebre) ou que faça lembrar uma pedra. Em sentido moral, significa "pessoa estúpida" ou "indivíduo insensível".

Em português os dois substantivos apresentam em comum a referência a objeto ou coisa de consistência dura (tal como a pedra), *lápide* é o vocábulo que tem significados mais próximos aos da raiz latina. *Lápis* em português é o "instrumento ou substância sólida usada para marcar uma superfície com desenhos, escritos ou riscos". *Lápide* é a "pedra com inscrição comemorativa de um fato ou celebradora da memória de alguém"; designa também a "pedra tumular".

LEGENDA / LENDA

Origem: **legenda**, nominativo neutro
plural do gerundivo **legendus**

Primeiro registro na língua portuguesa:
lenda (séc. XIII); *legenda* (séc. XIX)

Legenda, em latim, provém do verbo **legere** ("ler") e significa propriamente "coisas que devem ser lidas". No contexto litúrgico é empregado a partir do século XIII para designar "vida de santo" ou "o livro que a contém". Também se refere às "leituras que eram feitas durante os ofícios das matinas e que continham a vida de um santo". O emprego do gerundivo **legenda** para essas designações se explica pelo fato de que em determinados dias havia a indicação da passagem do livro que deveria ser lida. Posteriormente *legenda* passa a significar "relato maravilhoso e popular de qualquer acontecimento". Finalmente, por extensão, vem a designar qualquer narração antiga e tradicional.

Em português tanto **lenda** como **legenda** preservam de maneira geral os significados enumerados acima para o latim **legenda**, seja no contexto litúrgico, seja em seus sentidos mais generalizados. No entanto, o uso de **lenda** com esses significados é mais frequente; a palavra também adquiriu acepções adicionais associadas ao campo das crendices e do folclore: "narrativa sobre seres maravilhosos, humanos ou não, criadas pelo imaginário popular; tradição popular; mito popular recente", além de acepções figuradas, como "mentira, fraude"). *Legenda*, por sua vez, se especializou nos significados de "inscrição" (em moeda, medalha, monumento), "letreiro", passando daí ao campo das artes gráficas e, por fim, à área do cinema e da TV, onde adquiriu sua acepção mais conhecida: "tradução das falas das personagens, em formato de letreiro sobreposto à imagem dos filmes ou documentários em língua estrangeira".

MACHO / MÁSCULO

Origem: adjetivo **masculus**

Primeiro registro escrito na língua portuguesa:
macho (séc. XIII); *másculo* (séc. XVII)

Masculus, como adjetivo, significa "masculino, másculo, viril, vigoroso". Como forma substantivada, designa "o macho, ser do sexo masculino". Provém do vocábulo **mas** ("macho").

Macho em português é usado como adjetivo e também como substantivo. Preserva os mesmos significados de **masculus**. Por metáfora,

174

passou a ser empregado como termo de algumas áreas técnicas, como arquitetura, carpintaria, náutica, serralheria e tecnologia. O adjetivo *másculo* preserva os mesmos significados de **masculus** e não apresenta uso em áreas técnicas ou específicas como ocorre com *macho*. *Másculo* não é empregado como substantivo.

MADRE / MÃE

Origem: substantivo **mater**

Primeiro registro na língua portuguesa:
mãe (séc. XIII); *madre* (séc. XIII)

Forma popular: *mãe*

Forma culta: *madre*

Mater em latim significa "mãe", tanto em sentido próprio ("mulher que gera um filho" ou a "fêmea que gera uma cria"), como no figurado ("fonte, origem, causa, lugar de origem, pátria"). **Mater** também significa "tronco de árvore", entendido como produtor de rebentos.

Mãe sustenta de modo geral a maioria dos significados de **mater**, quer na acepção de "genitora", quer na de "origem".

Os significados mais frequentes de *madre* estão relacionados ao contexto religioso: "membro de congregação religiosa, freira que dirige um convento, superiora"; mesmo quando se fala de mãe como genitora, esse uso se refere especificamente à Virgem Maria. Os significados restantes da palavra se estabeleceram por metáfora derivada do sentido figurado de **mater** como "origem" e remetem a áreas técnicas ou campos específicos, como piscicultura, arquitetura, música e marinha.

MAESTRO / MESTRE / MAÎTRE / MÁSTER

Origem: substantivo **magister**

Primeiro registro na língua portuguesa: *maestro* (séc. XIX); *mestre* (séc. XIII); *máster* (séc. XX); *maître* (séc. XII – fr.)

Em suas primeiras acepções **magister** significa "mestre", porém num sentido mais vago, não relacionado diretamente ao ensino, como sinônimo de "o que comanda, o que dirige, o que conduz, chefe, capitão". Indica primordialmente autoridade, comando, poder, controle. Posteriormente incorpora os significados de "professor, preceptor, aquele que ensina". Provém de **mag-**, mesma raiz do advérbio **magis** ("mais") e se contrapõe a **minister** ("aquele que ajuda, auxiliar, servente, escravo, ministro de um culto"), proveniente de **minor** ("menor, inferior").

As palavras *maestro, mestre, maître e máster* ingressaram na língua portuguesa por caminhos diversos e são empregadas em contextos diferentes umas das outras. No entanto, preservam entre si um núcleo semântico comum, que corresponde exatamente às acepções iniciais do vocábulo latino **magister** ("o que comanda, o que conduz, o que têm autoridade ou o controle, chefe etc.").

Das quatro palavras, apenas *mestre* foi trazida para o português diretamente do latim. *Mestre* apresenta uma quantidade muito grande de acepções, que não serão enumeradas em sua totalidade aqui: como substantivo pode se aplicar à pessoa com autoridade para ensinar, ou cujo nível de conhecimento é superior a de seus aprendizes e serve para orientá-los, *mestre* pode se aplicar também ao guia espiritual, a um superior de algumas ordens militares, especialmente na marinha; como adjetivo, *mestre* designa "o mais importante, principal, fundamental, superior". *Maestro* provém do italiano *maestro* e significa "aquele que dirige uma orquestra, um coro, uma banda". *Maître* provém do francês *maître*; trata-se de forma reduzida da locução

176

maître d'hôtel e significa "<u>chefe</u> dos garçons". Do inglês *master* ("senhor, chefe, dono, mestre, mecanismo com controle e poder sobre outros, dominante, principal, original a partir do qual se fazem outras cópias") provém o substantivo *máster*, que se especializou no significado de "gravação <u>original</u> usada na reprodução de cópias".

MAIOR / MAJOR

Origem: **maior**, forma do comparativo de superioridade do adjetivo *magnus*

Primeiro registro na língua portuguesa: *maior* (séc. XIII); *major* (séc. XIX – fr. séc. XVII)

Em latim, **maior** significa "maior, mais volumoso, mais elevado". No grau normal tem a forma *magnus* ("grande, elevado, vasto, espaçoso, poderoso, ilustre, importante"). Provém da raiz **mag-** (cf. acima: *maestro/mestre/maître/máster*).

O adjetivo *maior* mantém em português praticamente os mesmos significados de **maior** em latim. *Major*, por sua vez, se aplica ao contexto da hierarquia militar, designando o "posto de oficial graduado abaixo do tenente-coronel e acima do capitão". Não provém diretamente do latim, mas do francês, onde foi usado antigamente com o significado de "oficial <u>superior</u>" e como sinônimo de *comandante*, passando a designar, com o tempo, postos de oficial de hierarquia <u>superior</u> em várias funções na área militar.

MADEIRA / MATÉRIA

Origem: substantivo **materia**

Primeiro registro na língua portuguesa: *madeira* (séc. XIII); *matéria* (séc. XIV)

Forma popular: *madeira*

Forma culta: *matéria*

O substantivo latino **materia** provém da raiz **mater** (conferir: *mãe/madre*) e significa etimologicamente "substância da qual é feito o tronco da árvore", "o tronco da árvore (como produtor/origem de ramos e rebentos)"; por extensão designa "a parte dura da árvore, em oposição às folhas e à casca". Em sentido mais amplo indica "substância da qual alguma coisa é feita". Provém da raiz **mater** e dela traz as noções de "criação, origem e causa".

Tendo em vista que a "parte dura da árvore" era o que se aproveitava nos trabalhos de carpintaria, **materia** adquiriu, na linguagem dos carpinteiros, o significado de "madeira de construção", em oposição a **lignum** ("madeira para queimar, lenha").

Em seguida passou a significar "madeira" em sentido geral. Na língua comum, por extensão, vem a significar "toda espécie de material". Nas línguas religiosa e filosófica **materia** aparece designando a "matéria (em oposição ao espírito)". Ainda em latim clássico verificam-se as acepções abstratas de "matéria, assunto, tema, objeto".

Em português, *madeira* e *matéria* tomaram caminhos diferentes, cada qual aproveitando noções específicas do substantivo latino. *Madeira* se inclinou semanticamente ao contexto vegetal, como designativo da "parte dura de uma árvore". *Matéria* trouxe consigo as noções de "origem, causa, princípio, elemento primordial ou substância original de onde se formam seres e coisas"; por extensão agrega os significados de "conteúdo, elemento ou substância (em sentido geral)".

SOBRAR / SUPERAR

Origem: verbo **superare**

178

Primeiro registro na língua portuguesa:
sobrar (séc. XIV); *superar* (séc. XVI)

Forma popular: *sobrar*

Forma culta: *superar*

Superare em latim significa "estar acima, elevar-se, ser superior, ultrapassar, sobressair, dominar, restar, sobreviver". Provém do adjetivo **superus** ("que está em cima, superior, alto, celeste"), derivado da preposição **super** ("em cima de, sobre, além de, mais do que").

Em português *sobrar* e *superar* não são sinônimos. O primeiro é correspondente de "sobejar"; o segundo se inclina às ideias de "prevalecer, transpor". Além disso, os dois verbos apresentam comportamentos distintos quanto a sua transitividade. *Sobrar* é verbo intransitivo (ex.: *sobraram elogios*), enquanto *superar* é verbo transitivo direto (ex.: *o atleta superou os obstáculos*). No entanto, a despeito dessas diferenciações ambos preservam em sua essência semântica valores relacionados às ações de "ir além de, ser superior a, ultrapassar, exceder".

TRAIÇÃO / TRADIÇÃO

Origem: substantivo **traditio (tradition-)**

Primeiro registro na língua portuguesa:
traição (séc. XIII); *tradição* (séc. XVII)

Traditio em latim significa "ação de entregar, de dar; entrega, transmissão, narração". Provém de **traditus**, particípio perfeito do verbo **tradere**, que significa "entregar, transmitir, ceder, abandonar, renunciar a, trair, narrar". **Tradere** é composto do prefixo **trans-** ("além de, para o outro lado de") + o verbo **dare** ("dar, ceder").

Em português *traição* e *tradição* se aplicam a contextos diferentes e não apresentam entre si relação de sinonímia. Entretanto, é interessante notar que em sua evolução semântica mantiveram um traço latente de afinidade que denota a origem comum. Ambos preservam de **traditio** a noção de "entregar, passar para as mãos de outro". De um lado, *tradição* indica a "ação de transmitir para outro um conhecimento, um acontecimento por meio de um relato"; é o "ato de transferir para outras pessoas de gerações mais novas um costume, uma crença"; essa transmissão e transferência estão relacionadas ao plano da herança cultural de modo geral, à memória, à recordação, aos costumes. De outro lado, *traição* nos indica a "ação de entregar", com ideias acessórias de "abandono ou renúncia". Jesus sofreu *traição* no sentido literal da palavra, ao ser entregue por Judas aos soldados romanos; mas a *traição* também ocorreu em sentido moral, pois Judas não apenas abandonou Jesus, como também deixou de lado o compromisso que se esperava dele como seguidor do Mestre. Renunciar a um compromisso assumido ou abandonar a palavra dada é o mesmo que quebrar um juramento ou um pacto: na esfera das relações humanas, é isso que ocorre quando um amigo deixa de ser leal para com o outro, ou quando, por exemplo, o marido é infiel a sua esposa (deixando-a de lado para se dedicar a uma parceira numa relação extraconjugal). De modo diverso do vocábulo *tradição*, o substantivo *traição* carrega noções abstratas negativas vinculadas à deslealdade, infidelidade e perfídia.

CAPÍTULO 4

ESTÁ TUDO AZUL?:

O colorido da linguagem

Em latim, a palavra "cor" é **color**, forma que se pode vislumbrar ainda em português em palavras como colorir, coloração, colorado. Nesse idioma antigo, a pergunta sobre a cor de um determinado objeto pode ser **Quo colore est...?** ou **Quo colore sunt...?**. Por exemplo, para se indagar a cor das paredes de um templo coloca-se a seguinte pergunta: **Quo colore parietes templi sunt?** (*De que cor são as paredes do templo?*). Se as paredes têm cor amarela, a resposta poderá ser **Parietes templi flavae sunt** (*As paredes do templo são amarelas*). Ainda, no caso de uma roupa de cor branca, pergunta e resposta a respeito seriam respectivamente: **Quo colore vestis est**? (*De que cor é a roupa?*) **Vestis alba est.** (*A roupa é branca*).

Jacques André, pesquisador francês da École des Hautes Etudes de Paris, salienta que o latim cunhou os termos de cor a partir do nome dos materiais e objetos, e os adjetivos se encarregaram de indicar sua saturação, com o que os romanos puderam dispor de "um vocabulário cromático tão amplo quanto seu nível de civilização lhes permitia". [8]

Todavia, falar a respeito dos nomes das cores em latim apresenta um problema não pequeno: se, por um lado, conhecemos alguns termos comuns que indicam as cores que hoje nós conhecemos, como **albus** (*branco*), **ater** (*preto*), **canus** (*cinza*), **ruber** (*vermelho*), **viridis** (*verde*), **caeruleus** (*azul*), **flavus** (*amarelo*), **roseus** (*cor-de-rosa*), **flammeus** (*cor de laranja*), **purpureus** (*púrpura*), por outro lado, a única forma de se interpretarem denominações que se encontram exclusivamente em textos escritos é por meio da comparação com outras denominações de cores, o que resulta um quadro certamente muito aproximativo daquilo que pensamos serem as denominações de cor em latim.

Enfim, para se ter uma ideia dos termos empregados pelos romanos quando o assunto é a cor, o quadro a seguir – que de forma alguma é absolutamente preciso – elenca uma série de denominações de cores, acompanhadas, na medida do possível, de algumas anotações que falem a respeito de certos padrões, intensidades, usos:

Vermelho

burrus: *Vermelho*

ruber: *Vermelho*

rubens: *Vermelho*

miniaceus: *Vermelho vivo*

sanguineus: *Vermelho vivo, da cor do sangue*

---

8 ANDRÉ, Jacques. *Étude sur les termes de couleur dans la langue latine*, Paris: C. Klincksieck, 1949.

hysginus: *Vermelho muito vivo*

coccinus: *Vermelho muito vivo; escarlate*

russus: *Vermelho escuro,* carregado, *vermelho brilhante*

russeus: *Vermelho escuro,* carregado, *vermelho brilhante*

russatus: *Vermelho escuro,* carregado, *vermelho brilhante*

cerasinus: *Vermelho-cereja, da cor da cereja*

mineus: *Vermelho brilhante (cinábrio)*

rubellus: *Vermelho*

ferrugineus: *A cor vermelho-alaranjada da ferrugem, tendendo ao marrom*

rufus: *Avermelhado*

robus: *Avermelhado*

robeus: *Avermelhado*

rubeus: *Avermelhado*

erythraeus: *Avermelhado*

puniceus: *Avermelhado, vermelho, púrpura*

rubicundus: *Avermelhado, vermelho*

rutilus: *Avermelhado, tendendo ao amarelo dourado*

roseus: *Cor-de-rosa*

Ouro

aureus: *Dourado, a cor do ouro (**aurum**), amarelo dourado*

Laranja

flammeus: *Alaranjado muito intenso, vermelho flamejante, da cor do fogo*

luteus: *Cor de laranja, amarelo avermelhado*

Amarelo

flavus: *Amarelo, cor do cabelo loiro*

croceus: *Amarelo, a cor de açafrão*

luror: *Cor amarelada, amarelado, cor da palidez, cor macilenta*

cereus: *Cor de cera, amarelado*

eburneus: *Cor de marfim, amarelado*

silaceus: *Ocre*

helvus: *Amarelo pardo*

ravus: *Pardo amarelo; cinzento*

Preto

ater: *Preto fosco* (opõe-se a **albus**)

niger: *Preto brilhante* (ou marrom muito escuro; opõe-se a **candidus**)

coracinus: *Preto, da cor do corvo*

Marrom

ferrugineus: *Marrom carregado, cor de ferrugem*

carinus: *Marrom com laivos avermelhados,
a cor da casca das nozes*

badius: *Marrom*, para cavalos

aeneus: *Cor acastanhada do bronze*

amygdaleus: *A cor da amêndoa,
amarelo tendente ao castanho*

furfurosus: *Marrom, próximo do farelo de trigo*

Púrpura

purpureus: *Púrpura, púrpura-escuro*

conchyliatus: *Cor vibrante vermelho-
escura, tendente para o roxo*

ostrinus: *Púrpura, vermelho-escuro tendente para o roxo*

puniceus: *Vermelho brilhante, tendendo para o amarelo
e o laranja* Variantes: **phoenicius**, **poenicius**

amethystinus: *A cor da ametista, roxo*

Violeta

viola: *Cor de violeta*

violaceus: *A cor violeta*

janthinum: *A cor violeta*

Azul

caeruleus: *Azul-escuro*

cyaneus: *Azul-escuro, azul-marinho*

lomentum: *Cor azulada, de tonalidade clara*

lividus: *Cor escurecida entre o cinza (da cor do chumbo) e o azulado.*

livor: *Cor escurecida entre o cinza* (da cor do chumbo) *e o azulado*

Verde

viridis: *Verde*

myrtus: *Verde-escuro.* Variante: **murtus**

callainus: *Verde pálido*

glaucus: *Verde pálido, verde acinzentado (tendendo levemente ao azul)*

caesius: *Esverdeado*

cymatilis: *A cor verde do mar, verde-mar*

thalassicus: *A cor verde do mar, verde-mar*

prasinus: *Verde tendendo para o azul*

aeruginosus: *Verde azulado, da cor do azinhavre*

galbinus: *Cor verde amarelada, esmaecida*

oleagineus: *Cor de azeite de oliva*

Branco

albus: *Branco sem brilho, embaçado, pálido* (opõe-se a **ater**)

candidus: *Branco brilhante* (opõe-se a **niger**)

albidus: *Branco*

albineus: *A cor branca* (para cavalos)

albicans: *Esbranquiçado*

canus: *Branco acinzentado, como a cor dos cabelos dos idosos*

columbinus: *Cor de pombo (branco acinzentado)*

incanus: *Grisalho*

Cinza

fuscus: *Cinza muito carregado, tendendo ao preto.* Às vezes o nome dessa cor indica um marrom forte, com um pouco de vermelho

pullus: *Cinza escuro, cinza chumbo, quase preto*

murinus: *Cinza escuro* (do padrão do rato)

melleus: *Cor de mel*

melichrus: *Cor de mel*

Prata

argenteus: *Cor de prata, prateado*

O nome das cores em português nem sempre tem origem no latim, contudo. A partir do quadro acima pode-se observar que palavras tão comuns como *vermelho*, *azul*, *amarelo* diferem muito das palavras latinas relativas aos nomes de cores representadas.

Enfim, um breve exame na questão da origem dos nomes de cores em português também não deixa de saciar certa curiosidade que sempre cultivamos em relação ao nosso idioma:

Vermelho: do latim **vermiculus,** que significa "pequeno verme". **Vermiculus** é diminutivo de **vermis** (verme, inseto). {Séc. XIII}[9]

Amarelo: do latim hispânico **amarellus,** "pálido". {Ano 944}

Marrom: do adjetivo francês **marron,** "da cor de uma castanha". {Séc. XX}

Preto: do latim **prett-** por **pressus** "apertado; oculto; obscuro". {Séc. XIII}

Púrpura: do latim **purpura,** nome do animal, um molusco, de onde se extrai a púrpura. {Séc. XIII}

Violeta: do latim **viola,** nome da flor "violeta". {Séc. XIII}

Azul: do árabe **lázawárd** ou do persa **lájwárd,** que significa "lápis-lazúli", nome de um mineral. {séc. XIII}

Verde: do latim **viridis** , verde. {Ano 960}

Branco: do germânico **blanck** , brilhante, branco, límpido. {Ano 1251}

Cinza: do latim vulgar **cinisia,** mistura de cinzas e brasas. {Séc. XIII}

---

9 A informação entre chaves indica a datação de formação do vocábulo, segundo o Dicionário eletrônico Houaiss da língua portuguesa.

CAPÍTULO 5

MENS SANA IN CORPORE SANO:

O corpo humano

O corpo e suas partes

Os nomes das partes do corpo em português, que contribuem significativamente para a formação de nosso vocabulário fundamental, têm fundo essencialmente latino, remontando não só ao latim clássico, mas ainda ao latim vulgar. Essa parte do vocabulário conta com expressões próprias do latim e também com expressões provenientes de empréstimos de línguas estrangeiras, como o grego, por exemplo.

Neste capítulo, elencam-se alguns dos termos que mais frequentemente estavam relacionados às partes do corpo, empregados seja nas atividades mais cultas da sociedade romana – em textos literários, por exemplo – seja no cotidiano mais ordinário, além de se terem anotado algumas expressões reveladoras da criatividade, da agilidade dessa língua viva do passado.

Órgãos e partes do corpo

abdomen: *Barriga.* Sinônimos: **alvus, venter.**

ala: *Axila.* Sinônimo: **axilla.**

alvus: *Barriga.* Sinônimos: **abdomen, venter.**

anus: *Ânus.* Sinônimos: **culus, podex.**

arista: *Pelo.* Sinônimo: **pilus.**

articulus: *Articulação, junta.* Sinônimos: **vertebra, articulus, artus.**

artus: *Articulação, junta.* Sinônimos: **vertebra, articulus, artus.**

auris: *Ouvido.* Em latim, dizer algo em segredo, ou pelo menos discretamente, é **in aure dicere** (ao pé da letra, "dizer no ouvido") ou **in aure admonere** (ao pé da letra, "aconselhar no ouvido"); dormir profundamente é **in dextram aurem dormire** (ao pé da letra, "dormir sobre a orelha direita"). *Ouvir* é **audire** e *falar* é **loqui** (ou **dicere**). **Auditio** é *audição.*

auricula: *Orelha.*

axilla: *Axila.* Sinônimo: **ala.** Variação: **axla.** Para indicar mau cheiro nessas partes, Catulo[10] registra, figuradamente, **caper** (cabra, bode).

barba: *Barba.* A barba e os cabelos longos são tomados como símbolos da honestidade de um homem (os patriarcas romanos tinham o costume de deixar a barba e os cabelos

---

10 Catulo foi um dos principais poetas líricos romanos. Viveu entre 87 e 54 a.C.

crescerem: **dignus barba capillisque majorum** (ao pé da letra, "digno da barba e dos cabelos dos antepassados").

bifurcus: *Virilha.*

bracchium: *Braço.* Nossa expressão "nadar contra a corrente" traduz-se em latim nos versos de Juvenal[11] por **dirigere bracchia contra torrentem** (ao pé da letra, "levar os braços contra a torrente"). Por seu lado, Ovídio[12] entende braços como sinal de ajuda, pois registra **praebuerim sceleri bracchia nostra tuo** (ao pé da letra, "eu estenderia meus braços para o teu infortúnio").

bucca: *Boca.* Sinônimo: **os.** O malcriado, insolente, desbocado era o **dura bucca** (ao pé da letra, "boca dura").

bucca: *Bochecha.* Sinônimos: **gena, buccula.**

buccula: *Bochecha.* Sinônimos: **gena, bucca.**

calva: *Caveira, crânio.* Sinônimo: **calvaria.**

calvaria: *Caveira, crânio.* Sinônimo: **calva.**

calx: *Calcanhar.* Para expressar o abandono de algo, de alguma atividade o latim emprega **calcem impingere alicui rei** (ao pé da letra, "pespegar o calcanhar em alguma coisa"), como faz determinada personagem do *Satíricon*, de Petrônio[13], ao dizer que seu garoto largara o estudo das letras gregas: **Ceterum iam Graeculis calcem impingit...** ("Aliás, já meteu um pontapé no grego...").

---

11 Juvenal foi um célebre poeta satírico romano. Nasceu, ao que parece, por volta de 55 d.C. e morreu certamente depois de 127 d.C.

12 Ovídio foi poeta lírico romano de extensa e qualificada produção. viveu entre 43 a.C. e 18 d.C.

13 Petrônio foi romancista romano. Figura de biografia obscura, parece ter vivido até por volta do ano 65 d.C.

capilus: *Cabelos.* Sinônimos: **crinis, coma, pilus.**
Capillamentum é a *peruca.*

caput: *Cabeça.* O latim **capita conferre** (ao pé da letra,
"juntar cabeças") lembra muito a expressão portuguesa
"duas cabeças pensam melhor que uma só". A dor de
cabeça recebe nomes como **cephalaea, cephalalgia,
hemicranium, heterocranea** (os dois últimos são
sinônimos e se referem a uma dor num dos lados da
cabeça. **Capito** (**capiton-**), "cabeçudo", é a designação
para o parasita, aquele que vive à custa dos outros.

caro: *Carne.* Sinônimo: **pulpa.** Em latim, a expressão
caro putida (ao pé da letra, "carne fedida")
entende-se como "pessoa imbecil".

cauda: *Pênis.* Sinônimos: **caulis, gurgulio, fascinum,
mentula, nervus, palus, verpa, vomer.**

caulis: *Pênis.* Sinônimos: **cauda, gurgulio, fascinum,
mentula, nervus, palus, verpa, vomer.**

cerebrum: *Cérebro.*

cervix: ver **occipitium.**

cilium: *Cílio.*

clunis: *Nádegas.* Sinônimo: **nates.**

colum: *Pescoço.* O pescoço é símbolo da submissão: o
poeta Propércio[14] escreve **dare colla triumpho**
(ao pé da letra, "dar os pescoços à vitória") e
Horácio registra **eripe turpi colla jugo** (ao pé
da letra, "tirar os pescoços do torpe jugo").

---

14 Propércio viveu entre 43 a.C. e 17 d.C. Foi um grande poeta elegíaco
romano.

coma: *Cabelos.* Sinônimos: **Capilus, crinis, pilus.** **Coma** pode referir-se a um penteado. **comae dicuntur capilli cum aliqu cur compositi** (diz-se "**comae**" para os cabelos arrumados com algum cuidado).

cor: *Coração.* A partir do fato de **cor** (coração) ser considerado órgão intimamente ligado à alma, à inteligência, ao entendimento, à sensibilidade, à memória, existem importantes palavras correntes no português como "coragem", "cordial", "concórdia", "discórdia", "recordar", "concordar", "acordo". Da mesma origem existe a expressão "saber de cor", muito empregada para indicar conhecimento retido na memória.

corium: *Pele.* Sinônimos: **Cutis, pellis, tergum.** Emprega-se **corium**, "couro", para o ser humano apenas como recurso cômico.

corpus: *Corpo.*

coxa: *Fêmur, quadril.*

coxendix: *Quadril.*

crinis: *Cabelos.* Sinônimos: **Capilus, coma, pilus.** Já que eram os cabelos que diferenciavam as matronas das moças, **capere crines** (ao pé da letra, "tomar, ajeitar os cabelos") passou a significar "casar-se". **Crinale** (**crinal**-) era o grampo de cabelo.

crus: *Perna.* Há em latim um termo curioso: **crurifragius**, "fratura das pernas", denominação de uma frequente punição de atos criminosos.

cubitum: *Cotovelo.*

culus: *Ânus.* Sinônimos: **Anus, podex.**

cutis: *Cutis, pele.* Sinônimos: **pellis, tergum, corium.**

dens: *Dente.* O latim "**venire sub dentem**" (ao pé da letra, "vem debaixo do dente") aproxima-se da expressão portuguesa "cair nas garras ...".

digitus: *Dedo.* Dedo anular: **digitus minimo proximus** ou **digitus medicinalis.** Dedo indicador: **digitus index** ou **digitus salutaris.** Dedo médio: **digitus medius, digitus infamis** (*dedo infame*), **digitus impudicus** (*dedo desavergonhado*). A razão para essas duas últimas expressões, comum à gestualidade moderna, reside na referência à introdução do dedo mais extenso no ânus como forma de insulto (veja o verbete **unguis,** *infra*). Dedo mínimo: **digitus minimus.** A sentença **nescit quot digitos habeat in manu,** registrada por Plauto[15], (ao pé da letra, "ele não sabe quantos dedos tem na mão") indica alguém completamente alienado, fora da realidade. Já a sentença **ne digitum quidem porrigere** (ao pé da letra, "não estender sequer o dedo") trata daqueles que não fazem o menor esforço para nada. E Juvenal registra a expressão **scalpere caput digito** (ao pé da letra, "coçar a cabeça com o dedo"), como um sinal característico de homens efeminados temerosos de ter seu cabelo desarrumado. Pérsio[16], por sua vez, escreve em suas sátiras que vive sem dinheiro, sem recursos: **in digitis hodie percoquam quod ceperit** (ao pé da letra, "hoje cozinharei nos dedos aquilo que eu tiver obtido"). Jogar a morra, o jogo dos dedos, é **micare.**

dorsum: *Espinha dorsal.*

---

15 Plauto foi o principal dramaturgo romano a escrever comédias. Viveu entre 230 e 180 a.C.

16 Aulo Pérsio Flaco (34 a 62 d.C.) foi poeta satírico romano.

facies: *Face.*

fascinum: *Pênis.* Sinônimos: **cauda, caulis, gurgulio, mentula, nervus, palus, verpa, vomer.**

fauces: *Garganta.* Sinônimos: **guttur, gula, jugulum.**

femur: *Coxa.*

frons: *Testa.* Sinônimo: **vultus. Fronto** é aquele que tem testa grande.

gena: *Bochecha.* Sinônimos: **bucca, buccula.**

genu: *Joelho.*

gula: *Garganta.* Sinônimos: **fauces, guttur, jugulum.** É célebre a personagem de Plauto, Euclião, o protótipo do avarento na literatura (na galeria dos avarentos, vale lembrar outras personagens da mesma estirpe: Harpagão, de Molière; Sr. Scrooge, de Dickens; Tio Patinhas, de Disney; Euricão Engole Cobra, de Suassuna). Segundo o exagero de seus escravos, Euclião, quando dorme, coloca um saco diante da boca para que não perca nem o próprio hálito: **cum it dormitum, follem sibi obstringit ob gulam, ne quid animae forte amittat dormiens** ("quando vai dormir, ele ajeita um saco na garganta, para que nem por acaso perca dormindo um pouquinho de seu hálito").

gurgulio: *Pênis.* Sinônimos: **cauda, caulis, fascinum, mentula, nervus, palus, verpa, vomer.**

guttur: *Garganta.* Sinônimos: **fauces, gula, jugulum.** Plauto cria personagens caracteristicamente gulosas. São escravos que vivem com fome: **da meo gutturi gaudium** ("Dê uma alegria à minha garganta..."); **venter gutturque resident ferias** ("Minha barriga e minha garganta estão de férias...").

humerus: *Ombro*.

intestina: *Intestino*.

jecur: *Fígado*. A denominação **ficatus**, alternativa para **jecur**, e foi a que influenciou na formação do termo relativo a esse órgão em português.

jugulum: *Clavícula*.

jugulum: *Garganta*. Sinônimos: **fauces, guttur, gula**.

labia: *Lábios*. Sinônimo: **labra**.

labra: *Lábios*. Sinônimo: **labia**.

lacertus: *Braço* (a parte do braço que vai do ombro ao cotovelo), o músculo do braço.

latus: *Flanco*, a lateral do corpo.

lingua: *Língua*. **Linguosus** é o *linguarudo*. *Falar francamente, sem rodeios, não ter papas na língua* é **linguam caninam comedere** (ao pé da letra, "comer a língua de um cachorro").

mala: *Maçãs do rosto*, o osso da maçã do rosto.

mamma: *Seio feminino*. Para o seio do homem diz-se **pectus**.

manus: *Mão*. *Tocar* é **tangere**. **Tactus** é *tato*.

maxilla: *Mandíbula, maxilar*.

medulla: *Medula*.

membra: *Membros*.

mentula: *Pênis*. Sinônimos: **cauda, caulis, gurgulio, fascinum, nervus, palus, verpa, vomer**.

mentum: *Queixo.*

musculus: *Músculo.*

naris: *Nariz.* Sinônimo: **nasus.**

nasus: Nariz. Sinônimo: **naris.** **Nasutus** é o narigudo. *Cheirar* é **olfacere.** **Olfactus** é *olfato.*

nates: *Nádegas.* Sinônimo: **clunis.** A expressão muito viva do português *meter um pé na bunda* está muito bem registrada por Juvenal, em latim: **solea pulsare nates** (ao pé da letra, "bater nas nádegas com a sandália").

nervus: *Pênis.* Sinônimos: **cauda, caulis, gurgulio, fascinum, mentula, palus, verpa, vomer.**

occipitium, cervix: *Nuca.* Pode-se entender **occipitium** e **cervix** mais ou menos como sinônimos, mas **occipitium** é a parte da nuca mais propriamente dita, e **cervix** é a região do pescoço situada imediatamente abaixo. Em latim, muitas sentenças indicam a nuca, a parte posterior do pescoço como vital: **cervices securi subicere** ("submeter os pescoços ao machado); **offerre cervicem percussoribus** ("oferecer o pescoço aos golpeadores); **praebere cervicem gladio** ("estender o pescoço ao gládio).

oculus: *Olho.* O diminutivo **ocellus** é frequentemente empregado no sentido de "joia", "pérola". Poeticamente é muito delicado referir-se com **ocellus** à amada para dizer "luz dos meus olhos", "menina dos olhos". *Olhar, ver* é **videre. Visio:** é *visão.*

os: *Osso.*

os: *Boca.* Sinônimo: **bucca.** É importante lembrar que o português aproveita o radical "**or-**" dessa palavra e forma adjetivo como "oral", que significa "pela boca". *Paladar* é

gustus:. A palavra **palatum** "céu da boca" indica a parte da boca. considerada como a sede do gosto: Essa palavra é empregada também para indicar o próprio gosto, o paladar. O português "comer" origina-se da articulação entre o verbo latino **edere** ("comer") com um prefixo **com-** (,"junto"), que indicava a coletividade do ato, o que resultou num verbo **comedere**, *comer.*

ossa: *Esqueleto.* **Ossa** é plural de **os.**

palma: *Palma.*

palpebra: *Pálpebra.*

palus: *Pênis.* Sinônimos: **cauda, caulis, gurgulio, fascinum, mentula, nervus, verpa, vomer.**

papilla: *Bico dos seios, mamilo.*

pectus: *Peito.*

pellis: *Pele.* Sinônimos: **Cutis, tergum corium.** Horácio legou-nos a expressão **in propri pelle quiescere** (ao pé da letra, "aquietar-se na própria pele"), que fala a respeito da satisfação ou insatisfação do ser humano com sua própria condição.

penis: *Pênis.* Sinônimos: **cauda, caulis, gurgulio, fascinum, mentula, nervus, palus, verpa, vomer.**

pes: *Pé.* Na linguagem militar, para "apear", o latim emprega **descendere ad pedes;** se o indivíduo não tem a sorte de contar com uma montaria, ele combate a pé: **pedibus merere** (ao pé da letra, "servir a pé". Além disso, pés, unhas, cabeça, dão a ideia de completude: **a pedibus usque ad caput** (ao pé da letra, "dos pés à cabeça"); **ab imis unguibus usque ad verticem summum** (ao pé da letra, "das menores unhas até o mais alto cume"); **a vestigio pedis usque ad verticem** (ao pé da letra, "da planta do pé até o cume"). Já em sentido malicioso, Marcial[17] emprega **pedes tollere ad concubitum**, isto é, "arrastar os pés (caminhar) para o coito", ou "dirigir-se para a cama".

pilus: Cabelos. Sinônimos: **Capilus, crinis, coma.** O latim não diferenciava o cabelo do pelo do corpo, inclusive os pelos pubianos.

pilus: Pelo. Sinônimo: **arista.** Em latim, o "pelo" implica a ideia de "valor pequeno": **ne ullum pilum viri boni habere dicatur**, (ao pé da letra, "dizem que ele não tem nem um pelo de um homem decente").

planta: Sola, planta do pé. Sinônimos: **solum, vestigium.**

podex: Ânus. Sinônimos: **Anus, culus.**

pollex: Polegar.

pubes: Púbis.

pugnus: Punho.

pulmo: Pulmão.

pulpa: Carne. Sinônimo: **caro.**

pupula: Pupila. Variação: **pupilla.**

renes: Rins.

scapulae: Omoplatas.

scrotum: Escroto.

---

17 Tendo vivido entre cerca de 40 a 64 d.C., o poeta Marcial compôs epigramas, isto é, brevíssimos poemas incisivamente críticos e morais.

solum: *Sola, planta do pé.* Sinônimos: **planta, vestigium.**

sthomacus: *Estômago.*

supercilium: *Sobrancelha.*

talus: *Astrágalo,* osso pequeno do pé que articula o peito do pé e a canela.

tergum: *Costas.* Pode-se usar, para animais de carga, o termo **dorsum.**

tergum: *Pele.* Sinônimos: **Cutis, pellis, corium.** Variante: **tergus.**

testis: *Testículo.*

thorax: *Tórax*

tibia: *Canela, tíbia.*

truncus: *Tronco.*

ulna: *Antebraço.*

umbilicus: *Umbigo.*

unguis: *Unha.* A expressão popular **ad unguem factus homo** (ao pé da letra, "homem feito até a unha") indica o quão polido é um homem. E Juvenal faz o registro do gesto obsceno de mostrar o dedo médio, chamado **digitus impudicus** ("dedo indecente, desavergonhado"): **cum medium ostenderet unguem** (ao pé da letra, "mostrou a unha média").

uterus: *Útero.* Sinônimo: **utriculus.**

utriculus: *Útero.* Sinônimo: **uterus.**

vena: *Veia, artéria.*

venter: *Barriga.* Sinônimos: **alvus, abdomen.**

verpa: *Pênis.* Sinônimos: **cauda, caulis, gurgulio, fascinum, mentula, nervus, palus, vomer.**

vertebra: *Articulação, junta.* Sinônimos: **vertebra, articulus, artus.**

vesica: *Bexiga.*

vestigium: *Sola do pé.* Sinônimos: **planta, solum.**

viscera: Os órgãos internos do corpo, de maneira geral, *vísceras.*

vomer: *Pênis.* Sinônimos: **cauda, caulis, gurgulio, fascinum, mentula, nervus, palus, verpa.**

vulva: *Vulva.*

Ações, excreções, secreções

cacare: *Cagar,* ou seja, expelir fezes, sujar com excremento. Sinônimo: **concacare.**

cohorrescere: *Tremer de medo ou de frio.*

conspuere: *Babar.*

coryza: *Coriza.*

defaeco: *Defecar.*

despuere: *Cuspir.* Sinônimos: **expuere, pytissare.**
Prática apotropaica (nossa popular "simpatia"): **despuere morbos,** "afastar doenças cuspindo".

desudare: *Suar.* Sinônimos: **sudare, insudare.**

dissipatio: *Dispersão, dissolução do corpo.*

dysuria: *Retenção da urina.*

excrementum: *Fezes, excrementos.* Sinônimos: **stercus, fimus, faex, oletum, merda.**

expuere: *Cuspir.* Sinônimos: **despuere, pytissare.**

exputescere: *Cheira mal, feder.* Sinônimos: **foetere, obolere.**

faex: *Fezes.* Sinônimos: **stercus, fimus, excrementum, oletum, merda.**

fimus: *Fezes.* Sinônimos: **stercus, faex, excrementum, oletum, merda.**

flatus: *Hálito.* Sinônimos: **halitus, spiritus.**

foetere: *Cheira mal, feder.* Sinônimos: **exputescere, obolere.**

foetidus: *Ter cheiro ruim, fétido, fedido.* Sinônimos: **olidus, graveolens.** Metaforicamente, para "fétido", Plauto registra **hircosus** (com o cheiro do bode).

foetor: *Cheiro ruim, fedor.* Sinônimo: **putor.**

fragantia: *Cheiro bom, fragrância.*

fragrare: *Cheirar bem,* estar perfumado. Sinônimos: **olere, odoratus.**

graveolens: *Ter cheiro ruim, fétido, fedido.*

halare: *Cheirar, exalar um cheiro.* Aquele ou aquilo que não solta cheiro é **inodorus.**

halitus: *Hálito.* Sinônimos: **flatus, spiritus.** Na Roma antiga havia o **pastillus,** uma pastilha empregada para perfumar o hálito.

horrere: *Arrepiar-se.*

humor: *Humores do corpo.*

insudare: *Suar.* Sinônimos: **sudare, desudare.**

lacrima: *Lágrima.*

lacrimare: *Lacrimejar.* **Flere** e **plorare** são
sinônimos, no sentido de "chorar".

lotium: *Urina.* Sinônimos: **urina, saccatum.** Uma das personagens
do **Satíricon**, de Petrônio, emprega a expressão
non valet lotium suum (ao pé da letra, "não vale o
próprio mijo") para referir-se a pessoas desprezíveis.

menstrua: *Menstruação.*

merda: *Fezes.* Sinônimos: **stercus, fimus, faex,
excrementum, oletum.**

micturire: *Ter vontade de urinar.*

mingere: *Urinar.* Sinônimo para urina, **lotium**; para urinar,
meiere, mijar. Aquele que não segurava a urina
(vítima, portanto de **incontinentia**) era chamado de
incontinens; sujar com urina era **commingere.**

mori: *Morrer.* Sinônimo: **occidere.** Expressão sinônima é
animam ebulire (deixar a alma escapar do corpo).

mors: *Morte.*

mucus: *Sêmen.* Sinônimo: **semen.**

naevus: *Mancha natural da pele*, uma *verruga.* Sinônimo: **nota.**

nasci: *Nascer.* Sinônimo: **oriri.**

natio: *Nascimento.* Sinônimo: **ortus.**

nota: *Mancha natural da pele*, uma *verruga.* Sinônimo: **naevus**

obolere: *Cheirar mal, feder.* Sinônimos: **foetere, exputescere.**

occidere: *Morrer.* Sinônimo: **mori.**

odor: *Odor.*

odorari: *Farejar*, procurar pelo cheiro.

odoratus: *Cheirar bem, estar perfumado.* Sinônimos: **olere, fragrare.**

olens: *Ter cheiro bom, estar perfumado.*

olere: *Cheirar bem, estar perfumado.* Sinônimos: **fragrare, odoratus.**

oletum: *Fezes.* Sinônimos: **stercus, fimus, faex, excrementum, merda.**

olidus: *Ter cheiro ruim, fétido, fedido.* Sinônimos: **foetidus, graveolens.**

oriri: *Nascer.* Sinônimo: **nasci.**

ortus: *Nascimento.* Sinônimo: **natio.**

pedere: *Peidar.*

peditum: *Peido.*

permingere: *Urinar.* Sinônimo: **mingere.**

pus: *Pus.* Sinônimos: **tabes, sanies.**

putor: *Cheiro ruim.* Sinônimo: **foetor.**

pytissare: *Cuspir.* Sinônimos: **despuere, expuere.**

respirare: *Respirar.* Sinônimo: **spirare.**

saccatum: *Urina.* Sinônimos: **urina, lotium.**

saliva: *Baba.* **Sanies** remete a uma "baba venenosa", "baba de serpente".

saliva: *Saliva.* Para indicar algo dito sem interrupção, algo que se diz de uma só vez o latim dispõe da expressão **una saliva** (ao pé da letra, "de uma saliva"), algo que poderíamos aproximar para "de um só fôlego".

sanguen: *Sangue.* Sinônimo: **sanguis.**

sanguis: *Sangue.* Sinônimo: **sanguen.**

sanies: *Pus.* Sinônimos: **pus, tabes.**

sanitas: *Saúde.*

semen: *Sêmen.* Sinônimo: **mucus.**

singultare: *Soluçar.* Sinônimo: **singultire.**

singultire: *Soluçar.* Sinônimo: **singultare.**

singultus: *Soluço.*

spirare: *Respirar.* Sinônimo: **respirare.**

spiritus: *Hálito.* Sinônimos: **halitus, flatus.**

sputum: *Cuspe.*

stercus: *Fezes.* Sinônimos: **fimus, faex, excrementum, oletum, merda.**

sternuere: *Espirrar.* Sinônimo: **sternutare.**

sternutare: *Espirrar.* Sinônimo: **sternuere.**

stranguria: *Segurar a urina, urinar com dor.*

sudare: *Suar.* Sinônimos: **desudare, insudare.**

sudatio: *Transpiração.*

sudor: *Suor.*

tabes: *Pus.* Sinônimos: **pus, sanies.**

tragus: *Mau cheiro nas axilas.*

tussire: *Tossir.*

tussis: *Tosse.*

urina: *Urina.* Sinônimos: **lotium, saccatum.**

ustio: *Inflamação de uma parte do corpo.*

vibex: *Hematoma.*

vita: *Vida.*

vivere: *Viver.*

Origens:
O vocabulário português e o corpo

Nem todos os itens lexicais derivaram dos termos latinos que se apresentaram nos quadros acima. Assim, é de grande importância, para o conhecimento da língua portuguesa, verificar a proveniência histórica dessas palavras hoje empregadas tal como se relacionam no quadro abaixo:

ânus: Do latim **anus**, "ânus".

artéria: O termo português artéria provém do latim **arteria** (ou **arterium**), "traqueia, canal por onde os animais respiram".

audição: Do latim **auditio,** "ação de ouvir".

axila: Do latim **axilla,** diminutivo de **ala,** "asa".

baba: Do latim **baba,** uma onomatopeia ligada ao balbucio infantil.

barba: Do latim **barba,** "barba".

barriga: Variação da palavra "barrica".

bexiga: Do latim **vesica,** "bexiga" (termo da anatomia).

boca: Do latim **bucca,** "boca".

bochecha: A origem da palavra bochecha é controvertida. Talvez venha do diminutivo de **bucca** ("boca"), **buccula/buccla**, ou do francês **bouche**, boca.

bosta: Redução do termo antigo "bostal", proveniente do baixo latim **bostar**, "estábulo, curral de bois". Liga-se ao nome do boi em latim, **bos.**

braço: Do latim **brachium,** "braço".

cabeça: Do latim vulgar **capitia** "cabeça".

cabelo: Do latim **capillus,** "cabelo, cabeleira, fio de barba, pelo dos animais, cabeleira das plantas, das árvores".

cagar: Do latim **cacare,** "cagar".

calcanhar: A origem da palavra "calcanhar" é controvertida. Talvez tenha origem no termo latino tardio **calcaneus** que substitui o termo latino **calx** ou no termo latino **calcaneare**, "relativo a calcanhar".

cálculo: Do latim **calculus,** "pedrinha".

canela: A origem da palavra canela é controvertida. Talvez tenha origem no termo **cana** acrescido de um sufixo **-ela**.

carne: Do latim **caro** (**carnis**)**,** "carne".

catarro: Do grego **katarrhoos,** "que corre para baixo".

caveira: do latim **calvaria,** "crânio".

cérebro: Do latim **cerebrum,** "cérebro".

cheirar: Do latim vulgar **flagrare,** "exalar odor".

cílio: Do latim **cilium,** "aquilo que serve para encobrir os olhos".

cintura: Do latim **cinctura,** forma do verbo **cingere,** "rodear, circundar".

clavícula: Do latim **clavicula,** "chave pequena" (termo da anatomia do latim medieval).

clitóris: O latim científico **clitoris** é resultado do empréstimo do termo grego **kleitoris** "pedra preciosa".

comer: Do latim **comedo,** "comer".

coração: A palavra "coração" tem origem controvertida, talvez relacionada a um suposto termo do latim vulgar como **"coratione",** ainda não documentado. De qualquer maneira, é certo que essa forma derive do latim **cor,** "coração".

coriza: Do latim **coryza.**

costas: Do latim **costa,** "costela".

costela: Do latim **costa,** "costela, lado, flanco".

cotovelo: A origem da palavra cotovelo é controvertida. Talvez tenha origem no lat. **cubital,** "almofada que serve de apoio para o cotovelo" ou **cubitalis,** "que tem a dimensão de um côvado" (medida de comprimento de 66 cm).

coxa: Do latim **coxa,** "osso do quadril", "quadril".

208

crânio: Do latim tardio **cranium**, "crânio".

cuspe: Do lat. **conspuere**, "escarrar, cuspir".

cuspir: Do lat. **conspuere**, "escarrar, cuspir".

dedo: Do latim **digitus**, "dedo da mão ou do pé".

defecar: Do latim **defaecare**, "limpar, purificar".

dente: Do latim **dens**, "dente".

ejacular: Do latim **ejaculare**, "deitar, lançar com força".

escroto: Do latim **scrotum**, "escroto".

esperma: Do latim **sperma**, "semente, esperma".

espirrar: do latim **expiro**, "soprar, exalar, expelir".

esqueleto: Do grego **skeleton**, "corpo seco, múmia".

estômago: Do latim **stomachus**, "estômago".

excremento: do latim **excrementum**, excremento.

face: Do latim **facies**, face.

falar: Do latim **fabulare**, "falar". Vê-se que a palavra portuguesa "fábula" liga-se a falar, pois fábula vem do latim **fabula** "conversa, boatos, história narrada".

feder: Do latim **foetere**, "cheirar mal".

fêmur: Do latim **femur**, "coxa".

fedido, *fétido*: Do latim **foetidus**, "que cheira mal".

fezes: Do lat. **faex**, "lama, resíduo, fezes".

fígado: Do latim **ficatum**, proveniente da expressão **jecur ficatum** , "fígado de aves alimentadas com figos". O grego tinha uma expressão de significado semelhante: **hepar sykotos**. Na verdade, o fígado de aves era uma iguaria muito apreciada pelos antigos, tanto romanos quanto gregos. E uma maneira de se obterem fígados melhores para a culinária era alimentar com figos as aves confinadas, como os gansos, por exemplo.

garganta: A origem da palavra garganta é controvertida. Talvez tenha origem onomatopaica, talvez tenha origem no latim da idade média **garganta**, que vem do grego **gargareôn**, "úvula".

hálito: Do latim **halitus**, "sopro".

intestino: Do latim **intestinum**.

joelho: O latim clássico tem o termo **genu** para indicar "joelho", que acaba sendo substituído por **genuculum**, de onde provém "joelho".

lábio: Do latim **labium**, "lábio".

lágrima: Do latim **lacrima**, "lágrima".

língua: Do latim **lingua**, "língua". Como em português, o termo latino **lingua** também **pode** ser entendido como "idioma de um povo".

mandíbula: Do latim tardio **mandibula**, "mandíbula". Ligados à palavra mandíbula, o latim contava com os verbos **mandere**, e **manducare**, "mastigar".

mão: Do latim **manus**, "mão".

maxilar: Do latim **maxillaris**, "maxilar, relativo a queixo".

membro: Do latim **membrum**, "membro".

menstruação: O latim **menstruum**, "sangue da menstruação" produz o português "mênstruo", que por sua vez produz o verbo "menstruar", de onde finalmente sai o termo "menstruação".

merda: Do latim **merda**, "excremento, esterco".

mijar: Do latim vulgar **mejare**, "mijar".

morrer: Do latim **morere**, morrer.

morte: Do latim **mors (mortis)**, morte.

músculo: Do latim **musculus**, "rato pequeno". A forma de alguns músculos em atividade seria semelhante a ratinhos.

nádegas: Para indicar "nádegas", o latim clássico tem o termo **nates**, posteriormente substituído pelo latim vulgar **natica**, donde provém o português "nádegas". O português "bunda" é de origem africana, do quimbundo **mbunda**, "quadris, nádegas". O quimbundo é uma língua da família banta, falada em Angola pelos ambundos. Já o português "glúteos" vem do grego **gloutos**, "nádega".

nariz: Do latim vulgar **narica**. Em latim clássico **naris**, "as ventas dos animais", é sinônimo de **nasus**, "nariz".

nascer: Do latim vulgar **nascere**, "nascer".

nuca: Do latim medieval **nucha**, "medula espinhal".

odor: Do latim **odor**, "odor".

olfato: Do latim **olfactus**, "ação de cheirar". **Olfactus** liga-se ao verbo **olfacere**, derivado da união entre **olor**, "cheiro", e **facere**, "fazer".

olhar: Do latim vulgar **adoculare**, "dirigir os olhos, o olhar para".

olho: Do latim **oculus**, "olho".

ombro: Do latim **umerus**, "espádua, às vezes o mesmo que **lacertus**, "parte superior do braço".

omoplatas: Do grego **omoplate**, "omoplata".

orelha: Do latim **auricula**, diminutivo de **auris**, "orelha".

osso: Do lat. **ossum"**, "osso".

ouvido: Do latim **audio**, "ouvir".

ouvir: Do latim **audire**, "ouvir".

ovário: Do latim **ovarius**, "quem recolhe ovos".

paladar: Do latim vulgar **palatare** "sentir gosto".

palma: Do latim **palma**, "palma da mão".

pálpebra: Do latim **palpebra, "pálpebra"**.

panturrilha: O termo lat. **pantex**, "barriga" tendo cruzado com o termo hispânico **pandorium**, "alaúde" no latim vulgar produz o termo espanhol **pantorrilla**, "barriga da perna", donde provém o português panturilha.

pé: Do latim **pes**, "pé".

peido: Do latim **peditum**, "peido".

peito: Do latim **pectus**, "peito do homem ou de um animal", isto é, o local por excelência onde residem o coração e a alma.

pele: Do latim, **pellis**, "pele".

pelo: Do latim **pilus**, "pelo".

212

pênis: Do latim **penis**, "cauda dos animais".

perna: Do latim **perna**, "coxa".

perônio: Do latim **peronium**, "perônio".

pescoço: A origem da palavra pescoço é incerta. Talvez provenha do espanhol antigo (séc. XIII) **pescoço**, esta formada a partir do termo latino **post**, "detrás", e **coço**, "pote de farinha".

planta do pé: Do latim **planta**, "planta".

polegar: O termo latino para polegar é **pollex**, do qual deriva o termo **pollicaris** "do tamanho de um polegar", que dá origem ao português "polegar".

porra: Do latim **porrum** ou **porrus**, "porro (alho)". A conexão erótica que se estabelece entre a forma do alho porro (alho-poró) e o pênis logo se estendeu para o esperma, daí a ligação também com o esse produto do pênis , por intermédio do termo substituto chulo, "porra".

púbis: Do latim tardio **pubis**, "penugem, buço, pelo".

pulmão: Do latim **pulmo**, "pulmão".

punho: Do latim **pugnus**, "punho".

pupila: Do latim **pupilla**, "menina", "pupila do olho". **Pupilla** é diminutivo de **pupa**, "menina", "boneca".

pus: Do latim **pus,** "pus, peçonha, imundície, porcaria"

quadril: A origem da palavra "quadril" é controvertida. Uma possibilidade é a de que quadril venha de **cadril**, (**cadeiril**, da cadeira, osso); outra possibilidade é de que venha do espanhol **cuadril**, "quadril".

queixo: Do latim **capseum** "semelhante a uma caixa (**capsa**).

respirar: Do latim **respirare**, "respirar, tomar fôlego".

rins: Do latim **renes**, "rins".

saliva: Do latim **saliva**, "saliva".

sangue: Do latim **sanguen**, "sangue".

seio: Do latim **sinus**, "prega formada por uma vestimenta".

sêmen: Do latim **semen** "semente".

sobrancelha: Do latim **supercilia** (pl. de **supercilium** "sobrancelha").

sola (do pé): Do latim **solea**, "sandália".

soluço: Do latim vulgar **sugglutium**.

suar: Do latim **sudare**.

suor: Do latim **sudor**.

tato: Do latim **tactus**, "toque, tato".

testa: Do latim **testa,** vaso de barro cozido.

testículos: Do latim **testiculus**, "testículo", diminutivo de **testis**, "testículo".

tíbia: Do latim **tibia**, propriamente "flauta", depois "osso da perna", canela".

tocar: Do latim vulgar **toccare**, "tocar", possivelmente influenciado pela onomatopeia "toc".

tornozelo: O termo tornozelo forma-se de **torno**.

tosse: Do latim **tussis**, "tosse".

tossir: Do latim **tussire**, "tossir".

transpirar: Do latim **transpirare**, "aspirar através de".

tronco: Do latim **truncus**, tronco de árvore ou do corpo humano.

umbigo: Do latim **umbilicus**, "umbigo".

unha: O latim clássico tem o termo **unguis**, "unha", que é substituído pelo diminutivo **ungula**, de onde provém o português "unha".

urina: Do lat. **urina,** "urina". O português "mijo" é forma reduzida proveniente do verbo "mijar", do latim tardio **mejare**, "mijar".

urinar: Do francês **uriner** (séc. XIV), "urinar".

útero: Do lat. **uterus**, "útero".

veia: Do latim **vena**, "veia".

ver: Do latim **videre** "ver, olhar".

vértebra: Do latim **vertebra**, "vértebra, articulação".

vida: Do latim **vita**, "vida".

virilha: Do latim **virilia**, "partes sexuais do homem".

visão: Do latim **visio**, "ação de ver".

viver: Do latim **vivere**, "viver".

vulva: Do latim **vulva**, "vulva".

216

Capítulo 6

DANOU-SE!

Palavrinhas ou palavrões?

quis amat valeat	*quem ama, que viva bem...*
pereat qui	*morra quem*
nescit amare	*não sabe amar...*
bis tanto pereat	*morra duas vezes*
quisquis amare vetat.	*aquele que proíbe amar.*

(De uma inscrição em Pompeia)

O latim, assim como muitas línguas em todos os tempos, não apresenta apenas termos e expressões decorosas, ingênuas, respeitáveis, como as que nos restaram nos ditados, provérbios e sentenças morais tão bem conhecidos por todos, como **carpe diem**, **vox populi**, **vox dei**, **dura lex sed lex**; tem ele também, por um lado, um vocabulário adaptado aos insultos, agressivo, cheio de metáforas (mas nem sempre de baixo calão), e, por outro lado, um outro vocabulário, este frequentemente grosseiro, que constitui a linguagem obscena.

A linguagem obscena, muito frequentemente, está ligada a experiências sexuais e coprológicas vividas pela sociedade. Esse vocabulário, que muitas vezes se presta à formação de insultos e passa por aquilo que se convenciona chamar de "latim vulgar", está documentado não apenas em fontes populares, mas também em fontes literárias, em alguns textos mais flexíveis quanto à linguagem chula na literatura latina. Embora não seja a tônica da literatura praticada pelos romanos – é bom que isso fique bem claro! –, há diversos escritores que empregaram eventual ou de certa forma regularmente esse vocabulário, diríamos, menos recomendável. Dentre eles ganha grande destaque, justamente por esse motivo, o poeta Marcial. Além dele, bons exemplos do vocabulário obsceno podemos encontrar com os poetas Catulo e Horácio. Petrônio, prosador mais ou menos contemporâneo de Marcial, apesar de sua fama de escritor obsceno em seu *Satíricon*, é inesperadamente delicado e muito criterioso e parcimonioso em suas escolhas lexicais ligadas aos termos indecorosos e obscenos. E, além da literatura, a arqueologia é auxiliar indispensável para a recuperação de certos documentos que volta e meia trazem à luz velhas inscrições onde se podem ler diversas manifestações ligadas ao assunto. Contudo, é preciso sempre lembrar que, nos limites deste trabalho, procuramos indicar os exemplos latinos mais empregados, de significados mais seguros. Restam, pois, uma infinidade de termos de uso e sentido semelhantes, dependentes da linguagem figurada e contextuais que lhes atribuem este ou aquele significado. Enfim, nunca é demais lembrar que o latim não tem um léxico homogêneo: como qualquer língua, o latim apresentou variação de vocabulário ao longo dos séculos (assim temos o latim do séc. II a.C., do séc. III d.C., entre tantos outros, por exemplo, ou ainda um latim republicano, outro imperial etc.) em que se constituiu como língua de comunicação cotidiana; variou, também, de acordo com os lugares em que era falado (extremo oeste da Europa, centro da Itália etc., por exemplo).

Certamente, a experiência sexual influenciou a criação de termos obscenos. Contudo, de maneira geral, é preciso ter em mente que os conceitos norteadores da sexualidade ocidental hoje são diversos daqueles da Antiguidade. Assim, para os romanos, sobretudo nessas questões de bastidores, tudo acontecendo na intimidade das alcovas ou em espaços que se escondia frequentar, entende-se que muitas vezes não importava tanto o tipo de relação sexual, se anal, oral ou vaginal, se o parceiro era do sexo oposto ou do mesmo sexo: para além das recomendações morais, o que importava mesmo era que o homem romano não sofresse qualquer tipo de violação ou penetração. Insinuar, acusar, anunciar que um homem se dedicava a uma atividade sexual na qual fazia o papel daquele que se submetia a uma penetração constituía evidentemente uma grave injúria e, portanto, muitas expressões ofensivas forjavam-se dessa mesma noção.

No que toca às várias atividades sexuais a que se entregavam homens e mulheres na Antiguidade, um exame de suas denominações pode aumentar em muito nossa compreensão acerca do povo romano.

Dentre essas práticas, de maneira geral, das relações entre um homem e uma mulher diz-se **concubitus**. Menos polido, o termo **fututio** (em latim a palavra é feminina e o verbo correspondente é **futuere**, com sinônimos como **confutuere**, **libidinari** ou **chalare**) refere-se ao intercurso heterossexual (*penetração vaginal*) em que o homem (o **fututor**) fica por detrás da mulher (a **fututrix**), que pode se apoiar sobre os pés e as mãos ou ainda num anteparo qualquer. Indica o poder dominante do macho e dificilmente foi usado para indicar a ação de uma mulher (a menos que esteja na voz passiva). Na língua vulgar, ligado a esse verbo, registra-se **futere** (pronuncia-se "futêre"), que dará em português *foder*. Um dos sinônimos de **concubitus** é **coitus**, derivado do verbo **coire** (**co-ire**, o prefixo indica "ir junto"). Se o homem gostava de se aproveitar de escravas para a prática do sexo, era denominado **ancillariolus**. Se o homem era dado aos prazeres com rapazes, então ele era chamado de **puellarius**. Sendo ele apenas um mulherengo, a comédia refere-se a ele como um **mulierosus**, o homem "galinha", dado à **mulierositas,** isto é, dado a frequentes namoros e mulheres. Dois termos em latim podem ainda ser empregados, sem, contudo, referir-se exatamente ao ato sexual, mas a uma parcela de sua movimentação: os verbos

crisare (*contorcer-se*, *rebolar* – ação feminina) e **cevere** (no sexo anal, *mexer as nádegas*, *rebolar* – ação do sodomita passivo). O verbo **dedolare** indica a relação sexual marcada por práticas de espancamento. Um outro sinônimo do verbo **futuere** deriva de **fornix** (um arco[18] de ponte ou aqueduto – embaixo do qual eventualmente atuava uma prostituta): **fornicari**, que significa "manter relação sexual com prostitutas". Cometer adultério é **moechari**; quem o comete, isto é, o adúltero, é o **moechus** (a *mulher adúltera* é a **moecha** e a *concubina* é a **pallaca**). **Dare**, *dar*, como em português, marca a ação da mulher que mantém relações sexuais com um homem. Nesse mesmo sentido, **glubere**, propriamente "tirar a casca", "pelar", é usado de forma obscenamente figurada por Catulo em seu poema 58:

Caeli, Lesbia nostra,	*Célio: nossa Lésbia,*
Lesbia illa,	*aquela tal Lésbia,*
illa Lesbia, quam	*Lésbia, aquela,*
Catullus unam	*única que Catulo*
plus quam se atque	*amou mais que a si*
suos amauit omnes,	*e todos os seus,*
nunc in quadruuiis	*agora nos becos e*
et angiportis	*encruzilhadas*
<u>glubit</u> magnanimi	<u>*descasca*</u> *os filhos de*
Remi nepotes.	*Remo magnânimo.*[19]

Glubere parece ligado a descobrir o pênis, implicando a exposição da glande – **glans** ou **caput** (*cabeça*) – e do *prepúcio* – **praeputium** ou **cutis** (simplesmente *pele*) – por diversos meios, seja pelas mãos, vagina ou boca.

---

18 Fornix posteriormente passou a significar uma cela ou aposento semelhante onde atendem as prostitutas.

19 Catulo, poema 58. Tradução de João Angelo Oliva Neto, in: CATULO. **O livro de Catulo**. Trad. comentada dos poemas por João Angelo Oliva Neto. São Paulo: EDUSP, 1996, p. 104.

Para a *masturbação* o latim tem o termo **masturbatio**, cujo verbo correspondente é **masturbari**. **Fricare** é o sinônimo popular mais empregado, dentre outros, como **tractare**, **sollicitare**, **tangere**. Quem se masturba é o **masturbator**. Para referir-se a este último, Petrônio emprega **mascarpio**. Esses termos referem-se a práticas masculinas: há muito poucas referências à masturbação feminina.

Para a penetração chamada **pedicatio** (em latim a palavra, que também pode ser **paedicatio**, é feminina e o verbo correspondente é **pedicare/paedicare**) temos um termo ligado à homossexualidade. Como penetração anal, numa inscrição latina em Pompeia pode-se ler **Ampliate, Icarus te pedicat** (*Ó Ampliato, Ícaro te come o rabo*). Certamente esse Ampliato tinha desafetos. Um sinônimo muito expressivo para **pedicare** é **scindere**, *rasgar*. Ou ainda **patere**, *estar aberto, estar à disposição*. Enquanto o **paedicator** é um homem efeminado, homossexual ativo, o **pathicus** é o efeminado homossexual passivo (que também pode ser referido pelo termo **embasicoetas**). Do verbo **sedeo**, *sentar-se*, provém um sinônimo para o homossexual passivo, o **sessor**, aquele que senta. Outros termos empregados para indicar o homem efeminado homossexual são **effeminatus, cinaedus, catamitus, mollis, draucus, turturilla** e **paedico. Semivir**, pela formação da palavra (**semi**, *metade* e **vir**, *homem*), parece calhar bem com a expressão em português "coluna do meio". O **spintria** ou **prostitutus** é o homem prostituído, ao qual também era possível referir-se singelamente com um termo como **puer**, que normalmente designaria *menino*. Já a mulher que tem preferência sexual por uma pessoa do mesmo sexo ou com ela mantém relação afetiva e sexual é denominada **tribas**, palavra que traduz bem nosso termo *lésbica*.

Considerada "suja" para os romanos, a prática de sexo em que se excita o pênis com a boca, denominada **fellatio** (em latim a palavra é feminina e o verbo correspondente, que na origem significa "mamar", é **fellare**), era muito disseminada. Era, contudo, um tabu tanto para a mulher quanto para o homem. Em geral praticada por uma mulher (a **fellatrix**) num homem, mas também por um homem (o **fellator**) em outro homem, era ofensa grave dizer que alguém se dedicava a ela. Já a **irrumatio** (em latim a palavra é feminina; o verbo correspondente é **irrumare**) era uma prática sexual às vezes violenta (e considerada uma humilhação) em que alguém obrigava o outro a fazer uma *felação*. Catulo, em poema exemplar, escreve:

Pedicabo ego irrumabo,
Aureli pathice et
cinaede Furi,
qui me ex uersiculis
meis putastis,
quod sunt molliculi,
parum pudicum.
Nam castum esse
decet pium poetam
ipsum, uersciculos
nihil necesse est,
qui tum denique habent
salem ac leporem,
si sunt molliculi ac
paruum pudici
et quod pruriat
incitare possunt,
non dico pueris,
sed his pilosis
qui duros nequeunt
mouere lumbos.
Vos, quei millia
multa basiorum
legistis, male me
marem putastis?
Pedicabo ego uos
et irrumabo.

Meu pau no cu, na boca,
eu vou meter-vos,
Aurélio bicha e
Fúrio chupador,
que por meus versos
breves, delicados,
me julgastes não ter
nenhum pudor.
A um poeta pio
convém ser casto
ele mesmo, aos seus
versos não há lei.
Estes só têm sabor
e graça quando
são delicados, sem
nenhum pudor,
e quando incitam o
que excite não
digo os meninos, mas
esses peludos
que jogo de cintura
já não têm.
E vós, que muitos beijos
(aos milhares!)
já lestes, me julgais
não ser viril?
Meu pau no cu, na boca,
eu vou meter-vos.[20]

Acariciar, em sentido propriamente afetivo diz-se **blandiri** (a *carícia* é **blanditia**), mas no sentido sexual é **tractare** (cujo significado equivale, também, à masturbação). O *abraço*, por sua vez, é **amplexus**. A princípio, o *beijo* que demonstra afetividade é **suavium** (também **savium**) ou **osculum** e o que implica erotismo é **basium**, muito embora com o tempo essa última palavra venha a assumir ambos os sentidos.

A genitália masculina, considerando-se *pênis* e *saco escrotal* em conjunto, recebe o nome de **veretrum**, e **penis** é a palavra técnica para *pênis*, que tem um sem-número de denominações, mas a palavra básica latina é **mentula**, que tem, contudo, um sentido obsceno, assim como **cunnus**, a *vulva*. **Columna**, *coluna*, é um sinônimo figurado, de pouca modéstia. **Verpa** é outra denominação para o órgão sexual masculino (quando está com a glande descoberta); **verpus** é o homem cujo pênis mostra a glande, seja por causa de uma ereção, seja por causa de uma circuncisão. Se **sopio** é também sinônimo de *pênis* há uma certa dose de incerteza, é bem verdade. Essa palavra aparece, por exemplo, num ditado popular que diz: **quem non pudet et rubet, non est homo, sed sopio** (*quem não se envergonha e enrubesce, não é um homem, mas um caralho*). **Pipinna** é o termo que indica o *pênis* de uma criança, enquanto o diminutivo **peniculus**, pejorativo, implica num órgão de tamanho menos generoso. Outros sinônimos são **mutto**, **virga**, **fascinum**, **cauda**, **uomer**,[21] **psoleos**, **veretrum**. **Inguen**, muitas vezes empregado no plural **inguina**, tem o sentido genérico de "partes sexuais", **mentula** ou **cunnus**. Certa personagem, no **Satíricon**, de Petrônio, ao ver um rapaz muito bem guarnecido, lamenta-se: **Tanto magis**

---

20 Catulo, poema 16. Tradução de João Angelo Oliva Neto. in: CATULO. **O livro de Catulo**. Trad. comentada dos poemas por João Angelo Oliva Neto. São Paulo: EDUSP, 1996, p.80.

21 O sentido próprio de **vomer** é o de *relha do arado* (ou o *arado* mesmo). A dureza de seu material, seu formato em ponta um pouco dilatada, a penetração que faz no solo suscitam a vinculação com a imagem de um pênis.

expedit inguina quam ingenia fricare (*Bem dizem: mais vale um bom pinto que um bom tino!*). O *escroto* (ou, informalmente, *saco*) em latim é **scrotum**, termo muito pouco empregado em latim e sem grandes novidades para a língua portuguesa. Para o mesmo significado pode-se empregar **follis** (ou o diminutivo **folliculus**), que propriamente significa *fole*. *Testículo* é **testis** (plural **testes** e diminutivo **testiculus**, que, com o avanço do tempo, toma-lhe o lugar), palavra desvinculada de obscenidade. O sinônimo obsceno **coleus** (que pode aparecer como **culleus** e **culeus**) normalmente aparece em contextos menos prestigiosos, como no provérbio **seni supino colei culum tegunt** (*ao velho brocha as bolas tapam-lhe o cu*). Em português, **coleus**, passando pelo latim vulgar **coleone**, deu *colhão* (ou *culhão*, pronúncia que o povo vem preferindo). O dicionário Aurélio lembra a possibilidade de o termo "esculhambar" ligar-se a "colhão/culhão". Ainda em latim, o **culleus** tinha um significado, para nós, bastante singular: indicava o saco de couro onde, como forma de suplício, costuravam-se os parricidas. Os *pelos pubianos* podiam ser chamados por **capillus** ou **pilus**, indistintamente. Curiosamente, o termo **pecten**, propriamente *pente*, com influência do grego, passa ao significado de pelos pubianos e seu diminutivo, **pectiniculus**, acaba dando origem em português ao termo *pentelho*.

Ter uma ereção indicava-se pelos verbos **rigere** ou **arrigere**. **Surgere** dizia que o pênis ia se erguendo, e então, nessa circunstância, dizia-se que um homem estava de *lança em riste*, isto é, que era um **monobelus**. Por outro lado, termos como **eunuchus**, **spado** e **gallus** referem-se ao indivíduo castrado. O *desejo sexual* exacerbado era a **prurigo** e *excitar-se* (muito) indicava-se por **pruriare**. O *prazer sexual* resultante, ou *orgasmo*, denomina-se com locuções eufemísticas do tipo **fructus Veneris** (*fruto de Vênus*), **gaudia Veneris** (*prazeres de Vênus*) ou **summa voluptas** (*sumo prazer*). **Eiaculari** é o verbo para *ejacular*, assim como, em determinados contextos, os verbos que significam *urinar* (tais como **meiere** e **mingere**[22]). **Mucus** ou **muccus** é uma secreção de mucosa, *muco*; uma vez que consistência liga-o a esperma, também **exmuccare** significa expeli-lo. **Semen**, por fim, é o termo empregado para referir-se ao *sêmen, esperma*.

A genitália feminina recebe o nome de **vulva**, e **cunnus** é termo obsceno correspondente, que em português deu *cona* ou *cono*. Evidentemente no clima de seus versos satíricos, espirituosos e muitas vezes muito desbocados, Horácio escreve sobre a guerra de Troia: **Nam fuit ante Helenam cunnus taeterrima belli causa** (*Na realidade, não foi Helena, mas a buceta dela, a terrível causa da guerra*). Menos grosseiro e ainda poético, sem dúvida, é o termo **hortus Veneris**, o *jardim de Vênus*. Dessa parte da mulher também diz-se **interfeminium**. Ação considerada pervertida, **lingere** (*lamber*) **cunnum** é o "ato de buscar e dar prazer sexual com a boca e a língua na vulva da mulher"; em latim recebe o nome de **cunnilingus**, *cunilíngua*. Outras denominações da genitália feminina são sinônimos figurados como **concha** (mais propriamente *concha*), **sinus** (mais propriamente *cavidade, bolsa*) e **fossa** (mais propriamente *cova, vala, canal*). Valem também, para significado semelhante as expressões **inguinis fossa** (*canal do sexo*), **inguen lacerum** (*sexo rasgado*) e **rima** (*abertura, fresta*). Em português, o termo *vagina* decorre significativamente de **vagina**, que em latim indica o estojo no orifício do qual se introduz uma espada. **Specus**, mais propriamente *caverna* ou *gruta*, tem o mesmo significado. Para *clitóris* (cuja etimologia em português liga analogicamente esse termo a uma pedra preciosa[23]) os romanos empregaram o termo **landica**, muito obsceno. Cícero, célebre orador da Roma republicana, não foi capaz de referi-lo senão com um engenhoso jogo de palavras: **hanc cul-**

---

22 **Urina** foi termo também empregado como sinônimo de esperma.

23 A etimologia de "clitóris", segundo Houaiss: "latim científico. **clitoris** <gr. **kleitorís,ídos** 'certa pedra', presumivelmente preciosa com a qual se teria estabelecido alguma analogia.

pam maiorem an illam dicam (*eu teria uma culpa ainda maior se eu dissesse aquilo...*). Observe-se que em latim Cícero não diz o termo **landica**, mas junta duas palavras para formar o cacófato **illam dicam**. Outro sinônimo, **crista** (*crista*), é empregado pelo poeta satírico Juvenal. O *seio* feminino recebia as denominações de **mamma** ou de **mamilla**. Os *bicos dos seios* são as **papillae**. Para manter os seios protegidos ou suspensos, as mulheres usavam uma "faixa", ancestral do sutiã, que se chamava **strophium** ou **fascia pectoralis** (ao pé da letra, "faixa peitoral").

Culus é o termo de referência para *ânus*. Como o seu emprego é obsceno, diversos outros termos servem-lhe de eufemismo, como **anus** ou **clunes**. Este último, propriamente dito, é a palavra latina para *nádega* (com sinônimo, por exemplo, **nates**). O emprego do termo latino **anus**, do qual evidentemente deriva a palavra portuguesa *ânus*, provém de seu significado primordial em latim, "anel". **Podex** é um sinônimo não obsceno. Curiosamente, os prostíbulos romanos costumavam ter quadros e placas para esclarecer a clientela acerca das especialidades da casa; em um estabelecimento desses de Pompeia, encontra-se, na parede da cela de uma prostituta supostamente especializada no sexo anal, a piedosa e sugestiva inscrição "**Impelle lente**", isto é, *Põe devagar*.

O termo **scortum** indica em latim a *prostituta* por excelência, do qual deriva o sentido do verbo **scortari**, frequentar prostíbulos, que se diz, ainda, **lustrari**. O indivíduo que vive à custa da prostituta, que a explora comercialmente,[24] que a coloca e a mantém nessa atividade por meio da escravidão, chama-se **leno**, o *rufião* (*gigolô*, *proxeneta*). A refletir seu estatuto humano, é uma das figuras mais odiadas da literatura antiga. Muitos termos podem substituir **scortum**, como **meretrix**, cujo sentido primeiro é "aquela que recebe pagamento, salário", mas que se especializou no sentido erótico.

---

24 A atividade do leno denomina-se **lenocinium**.

Segundo a tradição, a fêmea do **lupus**, a **lupa**, *loba*, teria um apetite sexual incomensurável, e, por isso, teria ganho o significado figurado de prostituta. Teria sido esse o mesmo processo que resultou no significado obsceno da palavra *piranha* em português. Petrônio emprega de forma não agressiva o termo **lupatria**. É da palavra **lupa**, com esse sentido, que resulta o nome do prostíbulo em latim, **lupanar**, que passa para o português. Também, para *prostíbulo*, havia os termos latinos **lustrum** e **stabulum**, ligados ao lugar onde vivem animais (*covil*, *toca*, *chiqueiro*, *estábulo*, *cocheira*). São evidentemente depreciativos. Muitas vezes a clientela referia-se às prostitutas segundo o local em que atuavam; por exemplo, se faziam seus serviços nos cemitérios, eram as **bustuariae**;[25] se trabalhavam vagando pelas ruas, elas eram rotuladas como **ambulatrix/ambulatrices** (do verbo **ambulare**, *caminhar*) ou **circulatrix/circulatrices** (do verbo **circulare**, *circular*); se a prostituta ficava, vivia ou atendia debaixo de arcos como os de pontes e aquedutos, ela era denominada **fornicatrix** (de **fornix**, *arco*). É evidente que termos do português como *fornicar*, *fornicação* têm sua origem nesses termos latinos. Outro vocábulo com que se referia às prostitutas deriva do nome de um bairro, pobre e populoso, da periferia de Roma, o Subura. Descrito como violento, ruidoso, sujo, era ainda conhecido como lugar de abrigo da baixa prostituição; as prostitutas provenientes desse local ou que nesse bairro atuavam eram as **Suburanae**. Custavam muito pouco, como a **scortum diobolarium**, a prostituta cujos serviços custavam até dois óbolos,[26] ou como a **quadrantaria**, de um quarto de asse,[27] preços irrisórios.

---

25 O **bustuarius** era o encarregado de incinerar os cadáveres.

26 O *óbulo* era uma moeda grega de baixo valor.

27 Asse foi a unidade monetária romana, posteriormente substituída pelo sestércio. Do vocábulo latino **as** deriva o nome em português da carta de baralho, *ás*.

Já o dado coprológico foi responsável pela criação de termos que também não se pronunciam em qualquer lugar ou ocasião, que ficam restritos a certas situações e ambientes, fato do qual normalmente o falante tem ampla consciência. Como exemplo de vocabulário coprológico, para os termos relacionados à matéria fecal (em português: *excremento, bosta, merda*), o latim emprega **merda**, com sinônimos menos ofensivos, mais polidos, como **stercus** e **fimum**. O poeta Marcial já usa esse termo figuradamente: **Sed nemo potuit tangere: merda fuit** (*Mas ninguém pode tocar: foi uma merda*). O termo português *fezes* deriva do termo latino empregado para "borra de vinho", isto é, **faex**. Tem-se espalhado uma etimologia falsa para o termo português "enfezado", que estaria ligado ao termo "fezes": o enfezado seria o indivíduo com prisão de ventre, constipado, que pelo problema de intestino viveria de mau humor, bravo, enfezado. Na verdade, a etimologia de "enfezado" liga esse termo ao latim **infenso**, que significa "ser hostil, irritar-se contra, lutar contra, destruir". Relativamente a **merda**, o termo empregado para *defecar, cagar* é **cacare**, elemento do linguajar rude. Numa mistura muito obscena do coprológico como o sexual, o latim forma o sentido da submissão à sodomia: **mentulam cacare** (ao pé da letra, "cagar o pau"). Petrônio usa com muito humorismo a expressão **ne cacatum currat** (*não corra cagar*). **Pedere** usa-se para *peidar* e **crepitus**, palavra formada a partir de onomatopeia evidente, indica as "ventosidades expelidas pelo ânus". Da mesma família etimológica de **pedere** encontram-se **podex**, aquele sinônimo obsceno de **culus**, e **peditum**, que originou o termo *peido* no português. São termos pouco polidos. Melhor que **pedere** temos **crepere** de onde se originou **crepitus**. **Strepitus**, então, pode ser citado como um substituto eventual para indicar os produtos da flatulência.

Meiere e **mingere** são os termos empregados para *urinar, mijar*. Com o termo **lotium** os romanos queriam dizer *urina*. **Lotium** liga-se ao verbo **lavare**: os romanos coletavam urina para empregá-la como removedor de sujeiras na lavagem de panos e roupas. E o sinônimo de **lotium** é **urina**, derivada do verbo **uro**, *queimar*, claro, por causa da temperatura característica. Citando um provérbio a respeito da inutilidade de tratar bem as mulheres, uma das personagens do **Satíricon**, de Petrônio, diz: **hoc est caldum meiere et frigidum potare** *(isso é mijar quente e beber frio)*.

Segue o quadro das correspondências entre o latim e o português dos itens lexicais indecorosos arrolados neste capítulo:

ambulatrix: *Prostituta*. Sinônimos: **bustuaria, circulatrix, fornicatrix, lupa, lupatria, meretrix, quadrantaria, scortum, suburana.**

amplexus: *Abraço.*

ancillariolus: *Homem que busca o prazer sexual com escravas.*

anus: *Ânus*. Sinônimos: **culus, podex.**

arrigere: *Ter uma ereção*. Sinônimos: **rigere, surgere.**

basium: *Beijo.*

blandiri: *Acariciar*. Sinônimo: **tractare.**

blanditia: *Carícia.*

bustuariae: *Prostituta*. Sinônimos: **ambulatrix, circulatrix, fornicatrix, lupa, lupatria, meretrix, quadrantaria, scortum, suburana.**

cacare: *Defecar.*

caput: *Glande*. Sinônimo: **glandis.**

catamitus: *Homem efeminado, homossexual passivo*. Sinônimos: **catamitus, cinaedus, draucus, effeminatus, embasicoetas, mollis, paedico, pathicus, semivir, sessor, turturilla.**

cauda: *Pênis.* Sinônimos: **columna, fascinum, mentula, mutto, penis, sopio, verpa, virga, vomer.**

cevere: *Mexer as nádegas, rebolar* (o sodomita)

chalare: *Manter relações sexuais.* Sinônimos: **coire, confutuere, futere, futuere, libidinari.**

cinaedus: *Homem efeminado, homossexual passivo.* Sinônimos: **catamitus, cinaedus, draucus, effeminatus, embasicoetas, mollis, paedico, pathicus, semivir, sessor, turturilla.**

circulatrix: *Prostituta.* Sinônimos: **ambulatrix, bustuariae, fornicatrix, lupa, lupatria, meretrix, quadrantaria, scortum, suburana.**

clunes: *Nádegas.* Sinônimo: **nates.**

coire: *Manter relações sexuais.* Sinônimos: **chalare, confutuere, futere, futuere, libidinari.**

coitus: *Relação sexual, cópula, coito.* Sinônimos: **concubitus, fututio, initus.**

coleus: *Testículo.* Sinônimo: **testis.** Variações: **culleus** e **culeus.**

columna: *Pênis.* Sinônimos: **cauda, fascinum, mentula, mutto, penis, sopio, verpa, virga, vomer.**

concha: *Genitália feminina.* Sinônimos: **cunnus, fossa, hortus Veneris, inguinis fossa, inguen lacerum, interfeminium, rima sinus.**

concubitus: *Relação sexual.* Sinônimos: **coitus, fututio.**

confutuere: *Manter relações sexuais.* Sinônimos: **chalare, coire, futere, futuere, libidinari.**

crepere: *Expelir gases pelo ânus, peidar.* Sinônimo: **pedere.**

crepitus: *Flatulência*, gases expelidos pelo ânus, peido.

crisare: *Contorcer-se no ato sexual* (a mulher)

crista: *Clitóris.* Sinônimo: **landica.**

culus: *Ânus.* Sinônimos: **anus, podex.**

cunnilingus: *Ato de acariciar e estimular a vulva com a boca e a língua.*

cunnus: *Genitália feminina.* Sinônimos: **concha, fossa, hortus Veneris, inguinis fossa, inguen lacerum, interfeminium, rima, sinus.**

dare: *ação da mulher que mantém relações sexuais com um homem.*

dedolare: *Manter relação sexual em que ocorra algum tipo de espancamento.*

draucus: *Homem efeminado, homossexual passivo.* Sinônimos: **catamitus, cinaedus, draucus, effeminatus, embasicoetas, mollis, paedico, pathicus, semivir, sessor, turturilla.**

effeminatus: *Homem efeminado, homossexual passivo.* Sinônimos: **catamitus, cinaedus, draucus, effeminatus, embasicoetas, mollis, paedico, pathicus, semivir, sessor, turturilla.**

eiaculari: *Ejacular.* Sinônimo: **exmuccare.**

embasicoetas *Homem efeminado, homossexual passivo.* Sinônimos: **catamitus, cinaedus, draucus, effeminatus, embasicoetas, mollis, paedico, pathicus, semivir, sessor, turturilla.**

eunuchus: *Homem castrado.* Sinônimos: **gallus, spado.**

excrementum: *Fezes.* Sinônimos: **fimum, merda, stercus.**

exmuccare: *Ejacular.* Sinônimo: **eiaculari.**

fascinum: *Pênis.* Sinônimos: **cauda, columna, mentula, mutto, penis, sopio, verpa, virga, vomer.**

fellare: *Praticar a* **fellatio.**

fellatio: *Prática sexual em que se excita o pênis com a boca.*

fellator: *Homem que pratica a* **fellatio** *num outro homem.*

fellatrix: *Mulher que pratica a* **fellatio.**

fimum: *Fezes.* Sinônimos: **excrementum, merda, stercus.**

follis: *Escroto.* Sinônimo: **scrotum**

fornicari: *manter relação sexual com prostitutas.*

fornicatrix: *Prostituta.* Sinônimos: **ambulatrix, bustuariae, circulatrix, lupa, lupatria, meretrix, quadrantaria, scortum, suburana.**

fossa: *Genitália feminina.* Sinônimos: **concha, cunnus, hortus Veneris, inguinis fossa, inguen lacerum, interfeminium, rima, sinus.**

fricare: *Masturbar.* Sinônimos: **masturbari, tractare, sollicitare.**

fructus veneris: *Orgasmo.* Ao pé da letra "fruto de Vênus". Sinônimos: **gaudia veneris, summa voluptas.**

futere: *Manter relações sexuais.* Sinônimos: **chalare, coire, confutuere, futuere, libidinari.**

futuere: *Manter relações sexuais.* Sinônimos: **chalare, coire, confutuere, futere, libidinari.**

fututio: *Relação sexual, foda.* Sinônimos: **coitus, concubitus.**

fututor: *O homem que mantém relações sexuais.*

fututrix: *A mulher que mantém relações sexuais.*

gallus: *Homem castrado.* Sinônimos: **eunuchus, spado.**

gaudia veneris: *Orgasmo.* Ao pé da letra "prazeres de Vênus". Sinônimos: **fructus veneris, summa voluptas.**

glandis: *Glande.* Sinônimo: **caput.**

hortus Veneris: *Genitália feminina.* Sinônimos: **concha, cunnus, fossa, inguinis fossa, inguen lacerum, interfeminium, rima, sinus.**

inguen lacerum: *Genitália feminina.* Sinônimos: **concha, cunnus, fossa, hortus Veneris, inguinis fossa, interfeminium, rima sinus.**

inguen: *As partes sexuais de maneira geral, genitália.* Empregado muitas vezes no plural, **inguina.**

inguinis fossa: *Genitália feminina.* Sinônimos: **concha, cunnus, fossa, hortus Veneris, inguen lacerum, interfeminium, rima, sinus.**

interfeminium: *Genitália feminina.* Sinônimos: **concha, cunnus, fossa, hortus Veneris, inguinis fossa, inguen lacerum, rima, sinus.**

irrumare: *Obrigar de maneira violenta alguém a fazer uma felação.*

irrumatio: *Ato com o qual se obriga violentamente alguém a fazer uma felação.*

landica: *Clitóris.* Sinônimo: **crista.**

leno: *Rufião.*

libidinari: *Manter relações sexuais.* Sinônimos: **chalare, coire, confutuere, futere, futuere.**

lingere cunnum: *Acariciar e estimular a vulva com a boca e a língua.*

lotium: *Urina.*

lupa: *Prostituta.* Sinônimos: **ambulatrix, bustuariae, circulatrix, fornicatrix, lupatria, meretrix, quadrantaria, scortum, suburana.**

lupanar: *Prostíbulo.* Sinônimos: **lustrum, stabulum.**

lupatria: *Prostituta.* Sinônimos: **ambulatrix, bustuariae, circulatrix, fornicatrix, lupa, meretrix, quadrantaria, scortum, suburana.**

lustrari: *Frequentar prostíbulos.* Sinônimo: **scortari.**

lustrum: *Prostíbulo.* Sinônimos: **lupanar, stabulum.**

mamilla: *Seio feminino.* Sinônimo: **mamma.**

mamma: *Seio feminino.* Sinônimo: **mamilla.**

mascarpio: Indivíduo que se masturba. Sinônimo: **masturbator.**

masturbari: *Masturbar.* Sinônimos: **tractare, fricare, sollicitare.**

masturbatio: *masturbação.*

masturbator: *Indivíduo que se masturba.* Sinônimo: **mascarpio.**

234

meiere: *Urinar.* Sinônimo: **mingere.**

mentula: *Pênis.* Sinônimos: **cauda, columna, fascinum, mutto, penis, sopio, verpa, virga, vomer.**

mentulam cacare: *Submeter-se à sodomia.*

merda: *Fezes.* Sinônimos: **excrementum, fimum, stercus.**

meretrix: *Prostituta.* Sinônimos: **ambulatrix, bustuariae, circulatrix, fornicatrix, lupa, lupatria, quadrantaria, scortum, suburana.**

mingere: *Urinar.* Sinônimo: **meiere.**

moecha: *Mulher adúltera.*

moechari: *Cometer adultério.*

moechus: *Homem adúltero.*

mollis: *Homem efeminado, homossexual passivo.* Sinônimos: **catamitus, cinaedus, draucus, effeminatus, embasicoetas, mollis, paedico, pathicus, semivir, sessor, turturilla.**

monobelus: *O homem quando está com o pênis ereto.*

mulierositas: *Excessivo interesse, paixão pelas mulheres.*

mutto: *Pênis.* Sinônimos: **cauda, columna, fascinum, mentula, penis, sopio, verpa, virga, vomer.**

nates: *Nádegas.* Sinônimo: **clunes.**

paedicare: *Fazer penetração anal.* Variação: **pedicare.** Sinônimo: **scindere.**

paedicatio: *Penetração anal.* Variação: **pedicatio.**

paedico: *Homem efeminado, homossexual passivo.* Sinônimos: **catamitus, cinaedus, draucus, effeminatus, embasicoetas, mollis, paedico, pathicus, semivir, sessor, turturilla.**

papillae: *Bicos dos seios.*

patere: *Estar disposto a ser penetrado pelo ânus.*

pathicus: *Homem efeminado, homossexual passivo.* Sinônimos: **catamitus, cinaedus, draucus, effeminatus, embasicoetas, mollis, paedico, pathicus, semivir, sessor, turturilla.**

pedere: *Expelir gases pelo ânus, peidar.* Sinônimo: **crepere.**

pedicare: *Fazer penetração anal.* Variante: **paedicare.**

pedicatio: *Penetração anal.*

peditum: *Flatulência*, gases expelidos pelo ânus, peido.

peniculus: *Pênis de tamanho muito pequeno.*

penis: *Pênis.* Sinônimos: **cauda, columna, fascinum, mentula, mutto, sopio, verpa, virga, vomer.**

pipinna: *Pênis de criança.*

podex: *Ânus.* Sinônimos: **anus, culus.**

prostitutus: *Homem prostituído.* Sinônimo: **spintria.**

pruriare: *Estar sexualmente excitado.*

prurigo: *Excitação, desejo sexual exacerbado.*

puellarius: *Homem que busca o prazer sexual com rapazes.*

quadrantaria: *Prostituta*. Sinônimos: **ambulatrix, bustuariae, circulatrix, fornicatrix, lupa, lupatria, meretrix, scortum, suburana.**

rigere: *Ter uma ereção*. Sinônimos: **arrigere, surgere.**

rima: *Genitália feminina*. Sinônimos: **concha, cunnus, fossa, hortus. Veneris, inguinis fossa, inguen lacerum, interfeminium, sinus.**

scindere: *Fazer penetração anal*. Sinônimo: **paedicare, pedicare.**

scortari: *Frequentar prostíbulos*. Sinônimo: **lustrari.**

scortum: *Prostituta*. Sinônimos: **ambulatrix, bustuariae, circulatrix, fornicatrix, lupa, lupatria, meretrix, quadrantaria, suburana.**

scrotum: *Escroto*. Sinônimo: **follis.**

semen: *Esperma*.

semivir: *Homem efeminado, homossexual passivo*. Sinônimos: **catamitus, cinaedus, draucus, effeminatus, embasicoetas, mollis, paedico, pathicus, semivir, sessor, turturilla.**

sessor: *Homem efeminado, homossexual passivo*. Sinônimos: **catamitus, cinaedus, draucus, effeminatus, embasicoetas, mollis, paedico, pathicus, semivir, sessor, turturilla.**

sinus: *Genitália feminina*. Sinônimos: **concha, cunnus, fossa, hortus Veneris, inguinis fossa, inguen lacerum, interfeminium, rima.**

sollicitare: *Masturbar*. Sinônimos: **masturbari, tractare, fricare.**

sopio: Pênis. Sinônimos: **cauda, columna, fascinum, mentula, mutto, penis, verpa, virga, vomer.**

spado: Homem castrado. Sinônimos: **eunuchus, gallus.**

specus: Vagina. Sinônimo: **vagina.**

spintria: Homem prostituído. Sinônimo: **prostitutus.**

stabulum: Prostíbulo. Sinônimos: **lupanar, lustrum.**

stercus: Fezes. Sinônimos: **excrementum, fimum, merda.**

strepitus: Flatulência, gases expelidos pelo ânus, **peido.**

suburana: Prostituta. Sinônimos: **ambulatrix, bustuariae, circulatrix, fornicatrix, lupa, lupatria, meretrix, quadrantaria, scortum.**

summa voluptas: Orgasmo. Ao pé da letra "sumo prazer". Sinônimos: **fructus veneris, gaudia veneris.**

surgere: Ter uma ereção. Sinônimos: **arrigere, rigere.**

testis: Testículo. Empregado muitas vezes no plural, **testes,** e diminutivo **testiculi.** Sinônimo: **coleus.**

tractare: Acariciar. Sinônimo: **blandiri.** Acariciar com conotação sexual (vd. **masturbari**). Sinônimos: **fricare, sollicitare.**

tractare: Masturbar. Sinônimos: **masturbari, fricare, sollicitare.**

tribas: Mulher com preferência sexual por outra mulher.

turturilla: Homem efeminado, homossexual passivo. Sinônimos: **catamitus, cinaedus, draucus, effeminatus, embasicoetas, mollis, paedico, pathicus, semivir, sessor, turturilla.**

vagina: Vagina. Sinônimo: **specus.**

veretrum: *Genitália masculina.*

verpa: *Pênis.* Sinônimos: **cauda, columna, fascinum, mentula, mutto, penis, sopio, virga, vomer.**

verpus: *Homem cujo pênis encontra-se com a glande descoberta.*

virga: *Pênis.* Sinônimos: **cauda, columna, fascinum, mentula, mutto, penis, sopio, verpa, vomer.**

vomer: *Pênis.* Sinônimos: **cauda, columna, fascinum, mentula, mutto, penis, sopio, verpa, virga.**

Além desses termos todos que envolvem questões da sexualidade e coprologia e que constituem a maior parte das vezes termos indecentes, indecorosos (dentre os quais alguns servem como injúria em certos contextos), também se conhece uma grande quantidade de termos de que os romanos se utilizavam não só no dia a dia, nas ruas, no fórum, nas brigas, na vida comum, mas até mesmo em situações de grande solenidade, como em sessões do senado e julgamento de altas autoridades: são os insultos. A literatura mais uma vez nos ajuda a recuperá-los: a leitura de Plauto, Terêncio, Cícero, Horácio, Petrônio é muito ilustrativa a respeito. Para termos uma ideia de como os romanos se insultavam em latim, segue abaixo um quadro desses vocábulos e expressões, lembrando que terá havido muitos e muitos outros, e que a relação que aqui se apresenta constitui apenas uns poucos exemplos. É preciso lembrar que esses termos ou expressões têm um sentido particular e original que não chega a ser um insulto: foi a adaptação, a linguagem figurada, a ironia, a analogia que levaram tais termos a ganharem novos significados relativos ao insulto. Os significados apresentados no quadro seguinte dão destaque ao sentido de insulto que esses termos ganharam:

amator: *Amante.*

ambubaia: *Mulher de maus costumes.* **Ambubaia** é, propriamente, o termo com que se designam certos grupos de mulheres provenientes da Síria, que em Roma se caracterizavam por suas músicas e imoralidade.

amens: *Louco, insano.* **Amentissime:** *absolutamente louco, maluco.*

animal: *Animal.*

asper: *Áspero.*

avarus: *Avarento.*

barbarus: *Inculto, rude, incivilizado, selvagem.*

barcala: *Idiota.*

baro: *Idiota.*

belua: *Animal, fera.*

berbex: *Tolo, lento, palerma.* Variantes: **vervex, verbex.**

bucco: *Tolo.*

caecus: *Cego.*

caenum: *Lama, imundície.*

canis: *Cachorro.*

carnifex: *Carrasco.*

cassandra caligaria: *Mulher de expressão e procedimentos masculinos.* Ao pé da letra, "Cassandra de botinas". Vale lembrar que Cassandra era a princesa troiana que, profeticamente, havia alertado seu povo, em vão, quanto ao perigo de levar o célebre cavalo de madeira para dentro da cidade.

caudex: *Tolo, imbecil.* Variante: **codex.**

cimex: *Percevejo.*

cinaedus: *Homem efeminado homossexual.*

coruorum cibaria: *Desgraçado.* Sentido próprio: comida de corvo.

credulus: *Crédulo, ingênuo.*

cruciarius: *Indivíduo que merece o suplício da cruz.*

crucis offla: *Desgraçado.* Sentido próprio: carne de cruz (corpo que merece o suplício da cruz).

crudelis: *Cruel.*

cuculus: *Amante adúltero, amante tímido, preguiçoso, imbecil.* Sentido próprio: nome de um pássaro, provavelmente o cuco.

cucurbita: *Tolo.* Sentido próprio: "abóbora".

danista: *Usurário.*

dedecus: *Desonra, vergonha.*

degener: *Degenerado, indigno, vil.*

demens: *Demente, louco, insano.*

di te perduint: *Os deuses causem tua ruína. Vá para o inferno!*

dirus: *Sinistro, funesto, cruel.*

edax: *Guloso, glutão.*

enervis: *Fraco, doentio, efeminado.*

excetra: *Mulher rancorosa, maligna.*

fallax: *Enganador, pérfido.*

falsus: *Falso, que não merece crédito.*

fastosus: *Arrogante.*

fatuus: *Bobo, tolo, idiota.*

ferox: *Feroz.*

flagitium hominis: *A desgraça da humanidade.*

foedus: *Feio, sujo, asqueroso.*

frutex: *Estúpido.*

fugitive: *Fugitivo, criminoso escapado à justiça.*

fur: *Ladrão, velhaco.*

furcifer: *Patife, indivíduo que merece a forca.*

furia: *Peste, flagelo.*

furibunde: *Delirante, furioso.*

furiosus: *Louco.*

ganeo: *Indivíduo dado a tabernas.*

gladiator: *Gladiador, bandido.*

gurges: *Abismo, sorvedouro.*

helluo: *Aquele que gasta demasiadamente, perdulário.*

hostis: *Inimigo.*

idiota: *Idiota, imbecil.*

ignarus: *Ignorante.*

ignavus: *Preguiçoso, covarde, inútil.*

illecebra: *Tentação, sedução, atração.*

illex: *Ilegal, fora da lei.*

immemor: *Esquecido, desmemoriado.*

immitis: *Impiedoso.*

impius: *Ímpio, sacrílego, sem respeito pelos deuses.*

importunus: *Mau caráter, perverso.*

impotens: *Incapaz, impotente.*

improbus: *Falso, enganador.*

impudens: *Descarado, sem-vergonha, impudente.*

impudicus: *Sem moral, dissoluto, fétido.*

impuratus: *Impuro, sujo.*

ineptus: *Inábil, tolo, estúpido.*

iners: *Inábil, incapaz.*

infidus: *Desleal, em quem não se pode confiar.*

ingratus: *Ingrato.*

inimicus: *Inimigo, hostil.*

insanus: *Louco.*

insipiens: *Tolo, insensato.*

insulsus: *Sem graça, sem espírito.*

invidus: *Invejoso, ciumento.*

invisus: *Odioso.*

jocans: *Gozador, brincalhão.*

labes: *Peste, ruína.*

lacticulosus: *Fedelho ainda cheirando a leite, pirralho que acabou de desmamar.*

larifuga: *Vagabundo.*

larva: *Fantasma.*

lascivus: *Devasso.*

latro: *Bandido, ladrão.*

lentus: *Mole, indolente, ocioso.*

levis: *Frívolo.*

lividus: *Invejoso.*

lues: *Peste.*

lutum: *Lodo, lama.*

machinator: *Maquinador de truques, planos, conspirações.*

maialis: *Porco castrado.*

male eveniat: *Maldito(s) seja(m).*

malus: *Mau.*

mastigia: *Aquele que merece o açoite.*

matula: *Imbecil.*

maxilla: *Indivíduo cúpido, sem escrúpulos, que só visa aos próprios lucros.* Sentido próprio: maxilar, mandíbula.

metuens: *Medroso.*

molestus: *Aborrecido, enfadonho, chato.*

monstrum: *Monstro, monstruosidade.*

moriturus: *Prestes a morrer,* "pé na cova".

morticinus: *Carcaça (de animal morto).*

mulier secutuleia: Mulher de rua.

mulier: *Mulher* (como indicativo de fraqueza).

mus: *Rato.*

nefandus: *Criminoso, abominável.*

nequam: *Imprestável, tratante.*

nocens: *Pernicioso, criminoso.*

nocturnus: *Indivíduo que passa a noite, ou grande parte dela, sem dormir.*

nugator: *Indivíduo que diz tolices, tolo, imbecil.*

nugax: *Incompetente, imprestável.*

oblitus: *Esquecido, que esqueceu.*

odiosus: *Odioso.*

parricida: *Traidor* (da pátria).

pauper: *Pobre.*

perfidus: *Traidor, traiçoeiro.* **Perfidus**, um forte insulto, encontra-se normalmente empregado em registros cultos de linguagem.

periturus: *Prestes a morrer.*

perjurus: *Falso, mentiroso, perjuro.*

pestis: *Peste, praga.*

pica pulvinaris: *Mulher de má língua.*

piger: *Preguiçoso, lento.*

praedo: *Ladrão, salteador.*

propudium: *Indivíduo infame, torpe.*

purgamentum: *Imundície.*

pus: *Indivíduo vil, imundo, pústula.*

putidus: *Afetado, insuportável, estúpido.*

rapax: *Indivíduo que tira à força, ladrão.*

raptor: *Indivíduo que tira à força, ladrão, usurpador.*

sacrilegus: *Sacrílego, ímpio, profanador, ladrão.*

saevus: *Desumano, selvagem.* Vocábulo que parece restringir-se ao registro mais culto da linguagem.

sceleratus: *Assassino, criminoso.*

scelerum caput: *Cabeça de crimes.*

scelestus: *Bandido, criminoso.* Com pouquíssimas exceções, vocábulos ligados a **scelus** (crime) estão fortemente ligados a escravos e seu universo.

scurra: *Bobo, tolo* (civil, por oposição a militar, com ideia depreciativa).

segnis: *Preguiçoso, fraco, covarde.*

senium: *Velho, decrépito.*

servus: *Escravo.*

severus: *Duro, rigoroso.*

simia: *Macaco.*

simplex: *Simplório.*

spintria: *Prostituto.*

spinturnicium: *Ave de mau agouro.*

spurcus: *Imundo, desprezível, indigno.*

stercoreus: *Cheio de fezes, parecido com fezes.*

sterculinum: *Imundície.*

stipes: *Bronco, imbecil.* Variante: **stips.**

stolidus: *Tolo, imbecil, estúpido.*

stultus: *Tolo, palerma.*

subdolus: *Enganador.*

superbus: *Orgulhoso.*

temerarius: *Imprudente.*

timidus: *Receoso, tímido.*

trifurcifer: *Triplo* **furcifer.**

trium litterarum homo: *Ladrão* (homem das três letras). A expressão "homem das três letras" remete ao termo latino **fur**, palavra de três letras que significa "ladrão".

ultor: *Indivíduo que pune, que vinga.*

umbraticulus: *Moleirão, preguiçoso.*

vappa: *Ordinário, inútil.*

vasus fictilis: *Vaso de barro* (ideia de fragilidade e fraqueza, de baixa qualidade).

vecors: *Louco.*

veneficus: *Bruxo, feiticeiro.*

verbereus: *Que merece açoites.*

vesanus: *Louco, insano.*

vexator: *Perseguidor, carrasco.*

vilis: *Sem valor, vil, desprezível.*

violentus: *Violento, impetuoso, excessivo.*

vipera: *Víbora.*

Bibliografia

ADAMS, J. N. **The latin sexual vocabulary.** Baltimore: Johns Hopkins, 1990.

ANDRÉ, Jacques. **Étude sur les termes de couleur dans la langue latine,** Paris: C. Klincksieck, 1949 (**Études et commentaires, 7**).

ANJOS, Margarida dos (editor). **Novo Dicionário Eletrônico Aurélio. Versão 6.0.1.,** Curitiba: Positivo Informática Ltda., 2009.

BATTISTI, C.; ALESSIO, G. **Dizionario etimologico italiano.** Firenze: Barbèra, 1975.

BERGE, Fr. Damião, et alii. **Ars Latina.** Exercícios latinos. 3. ed. Petrópolis: Vozes, 1963. v.3, p. 175.

BUENO, F. S. **Grande dicionário etimológico-prosódico da língua portuguesa**. Vocábulos, expressões da língua geral e científica, sinônimos. São Paulo: Saraiva, 1968, 8 v.

BUITRAGO, A.; TORIJANO, J. A. **Diccionario del origen de las palabras**. Madrid: Espasa-Calpe, 1998.

CARROLL, L. **Alice no país das maravilhas.** Tradução de Isabel de Lorenzo. 2.ed. São Paulo: Sol/Objetivo, 2000, p. 34.

_____. **Alicia in terra mirabili.** Latine redditus a Clive Harcourt Carruthers. London: Macmillan, 1964.

CATULO. **O livro de Catulo**. Trad.comentada dos poemas por João Angelo Oliva Neto. São Paulo: EDUSP, 1996.

COROMINAS, J. **Diccionario crítico etimológico de la lengua castellana**. Berna: Francke, 1954, 4v.

CORTELAZZO, M.; ZOLLI, P. **Il nuovo etimologico.** Dizionario etimologico della lingua italiana. 2. ed. Bologna: Zanichelli, 1999.

COUTINHO, Ismael de Lima. **Pontos de Gramática Histórica.** Rio de Janeiro: Ao Livro Técnico, 1976.

CUNHA, A. G. **Dicionário etimológico da língua portuguesa.** 2 ed. Rio de Janeiro: Nova Fronteira, 1986.

DEL COL, J. J. **Diccionario auxiliar español-latino para el uso moderno del latín.** Bahía Blanca: Instituto Superior "Juan XXIII", 2007.

DICKEY, Eleanor. **Latin forms of address from Plautus to Apuleius.** Oxford: Oxford University Press, 2007.

ERNOUT, A.; MEILLET, A. **Dictionnaire étymologique de la langue latine.** Paris: Klincksieck, 1951.

_____. **Dictionnaire étymologique de la langue latine histoire des mots.** Paris: Klincksieck, 1986.

FARIA, Ernesto. **Dicionário escolar latino-português.** 6.ed. Rio de Janeiro: FAE, 1994.

_____. **Dicionário escolar português-latim.** Rio de Janeiro: MEC/Fename, 1991.

_____. **Vocabulário latino-português.** Rio de Janeiro: F. Briguiet, 1943.

FAYET, Sylvie. **L'expression de la couleur dans les textes latins du XIIe siècle, contribution au lexique et éléments d'un imaginaire.** Thèse de l'École des chartes, 1991 (résumé dans École nationale des chartes, **Positions des thèses...**, 1991, p. 71-78.

FERREIRA, Antonio Gomes. **Dicionário de latim-português.** Porto: Porto Editora, 1995.

FORCELLINI, Aegidio. **Lexicon totius latinitatis.** Typis seminarii: Padua, 1940.

FORCELLINI, Aegidio *et alii*. **Lexicon Totius Latinitatis.** Patavii: Typis Seminarii, 1940.

GALVÃO, R. **Vocabulário etimológico, ortográfico e prosódico das palavras portuguesas derivadas da língua grega.** Rio de Janeiro: Garnier, 1994.

GEIGER, Paulo (editor). **Aulete digital.** Dicionário contemporâneo da língua portuguesa, s.d.

GLARE, P.W. **Oxford Latin Dictionnary.** Oxford: Clarendon Press, 1986.

GRIMAL, Pierre. **O Amor em Roma.** São Paulo: Martins Fontes, 1991.

GUÉRIOS, R. F. M. **Dicionário de etimologias da língua portuguesa.** São Paulo: Cia. Editora Nacional, 1979.

GUINEAU, Bernard. **Glossaire des matériaux de la couleur et des termes techniques employés dans les recettes de couleurs anciennes,** Turnhout: Brepols, 2005 (De diversis artibus 73). [Toutes périodes confondues.]

GUIRAUD, P. **Étymologie.** Paris: PUF, 1964. (Collection *Que sais-je?*)

HOUAISS, Antônio. **Dicionário eletrônico Houaiss.** Versão 1.0, 2001. Rio de Janeiro: Objetiva, 2001.

_____. **Dicionário Houaiss da língua portuguesa.** Rio de Janeiro: Objetiva, 2007.

_____. **Novo dicionário Houaiss da língua portuguesa.** Rio de Janeiro: Objetiva, 2009 (versão em CD-Rom 3.0).

ILARI, R. **Lingüística Românica.** São Paulo: Ática, 1992.

KRISTOL, Andres Max **«Color»: les langues romanes devant le phénomène de la couleur**, Berne, 1978 (**Romanica helvetica**, 88).

LACERDA, R.C.; CORTES, H.R.; ABREU, E. S. **Dicionário de provérbios: francês, português, inglês.** 2. ed. São Paulo: Editora Unesp, 2004.

LENNON, J.; McCARTNEY, P. "Hesterno die (Yesterday)". Versio clarissimi cantus Beatles a Hanna Haas-Scheibler composita. In: **Rumor Varius.** Akad; Zurich, 1990, t. 13, fasc. 81, p. 20.

MACHADO, J. P. M. **Dicionário etimológico da língua portuguesa.** Com a mais antiga documentação escrita e reconhecida de muitos dos vocábulos estudados. Lisboa: Confluência, 1952-59.

NASCENTES, A. **Dicionário etimológico da língua portuguesa.** Rio de Janeiro: Acadêmica, 1955.

OLIVA NETO, João Angelo, 1957- A Warren Cup e os poemas pederásticos de Catulo: considerações sobre o erotismo nas artes da Roma antiga. In: **Revista de história da arte e arqueologia Campinas**, n. 2, p. 45-59, 1996. Campinas : IFCH/UNICAMP, 1996.

REY, A. **Dictionnaire historique de la langue française.** Paris: Le Robert, 1992, 2v.

RÓNAI, Paulo. **Não perca o seu latim.** 6 ed. Rio de Janeiro: Nova Fronteira, 1980.

ROWLING J.K. **Harrius Potter et philosophi lapis.** Translation by Peter Needham. New York & London: Bloomsbury, 2003.

_____. **Harrius Potter et philosophi lapis.** Translatedby Peter Needham. London, Bloomsbury, 2003, cap. I, p. 13.

_____. **Harry Potter e a pedra filosofal**. Tradução de Lia Wyler. Rio de Janeiro; Rocco, 2000, capítulo 1, p. 20.

SAINT-EXUPÉRY, A. **Regulus**. Latin translation by Augusto Haury. San Diego, New York; Harcourt, 1985.

_____. **O pequeno príncipe**. Tradução de Dom Marcos Barbosa. Rio de Janeiro: Agir, 2002, p. 7.

SALLES, Catherine. **Nos submundos da antiguidade**. São Paulo: Brasiliense, 1982.

SANCTO EXUPÉRIO, Antonius a. **Regulus**. Ab Augusto Hauri in latinum conversus. San Diego/ New York/London: Harcourt, 2001.

The Oxford English Dictionary. 2. Ed. Oxford: Clarendon Press, 2000, 20v.

TORRINHA, F. **Dicionário latino-português**. Porto: Gráficos Reunidos, 1980.

TOSI, Renzo. **Dicionário de sentenças latinas e gregas**. Trad. Ivone Castilho Benedetti. 2 ed. São Paulo: Martins Fontes, 2000.

TRAUPMAN, J.C. **Conversational latin for oral proficiency**. 3 ed. Wauconda: Bolchazy-Carducci, 2003.

OTT, André G. **Étude sur les couleurs en vieux français**, Paris, 1899. [Index des mots latins et d'ancien français aux p.176-181.]

UDERZO, GOSCINNY. **Asterix et Cleopatra**. In latinum convertit Rubricastellanus. Stuttgart: Delta Verlag, 1991.

URBINA, J.C.O. **Diccionario Akal del refranero latino**. Madrid: Akal, 2005.

Webster's encyclopedic unabridged dictionary of the English language. New York: Gramercy Books; Avenel, N.J.: Outlet Books, 1996.

Sites consultados

BÉLKIOR, Silva. **Media in via**. Disponível em: <http://latim. blogspot.com/2005/02/c-drummond-de-andrade-em-latim.html>. Acesso em: 23 jan. 2011.

BONOMI, Francesco. **Dizionario etimologico online**. Vocabolario etimologico della lingua italiana. Versione web del Vocabolario Etimologico della Lingua Italiana di Ottorino Pianigiani. Disponível em: <http://www.etimo.it>. Acesso em: 23 jan. 2011.

D'ARBOIS DE JUBAINVILLE, Henri. Étude philologique sur le mot français rossignol. In: **Bibliothèque de l'école des chartes**. 1869, tome 30. pp. 369-376. http://www.persee. fr/web/revues/home/prescript/article/bec_0373-6237_1869_num_30_1_446261. - Acesso em 25/11/2009 – 11:34 h.

LATINITAS RECENS (SPECULUM). **A one-page mirror of Florus' *Latinitas Recens*** (Latin to English). Disponível em: <http://latinlexicon.org/latinitas_recens_latine.html>. Acesso em: 23 jan. 2011.

LEWIS, Charlton T., SHORT Charles, **A *Latin Dictionary***. Founded on Andrews' edition of Freund's Latin dictionary (Trustees of Tufts University, Oxford) [1879]. http://perseus. uchicago.edu/. Acesso em 25/11/2009 – 11:34 h.

MORGAN, David. **Lexicon Latinum**. Disponível em: <http://www.culturaclasica.com/lingualatina/lexicon_latinum_morgan.pdf>. Acesso em: 23 jan. 2011.

PAVANETTO, Cletus. **Latinitas**. Opus fundatum in Civitate Vaticana. Parvum verborum novatorum lexicum. Disponível em: <http://www.vatican.va/roman_curia/institutions_connected/latinitas/documents/rc_latinitas_20040601_lexicon_it.html>. Acesso em: 23 jan. 2011.

Tresor de la langue française informatisé. Version en ligne du TLFi.Atilf/CNRS/Université Nancy 1 et 2. Disponível em: <http://atilf.atilf.fr/tlf.htm>. Acesso em: 23 jan. 2011.

http://artflx.uchicago.edu/cgi-bin/philologic/search3t?d gdivhead=burdubasta&dbname=lewisand short. (Acesso em 03/10/2009 15:05).

http://fragmentos-g.blogspot.com/2005/03/obscenidades-em-latim.html. (Acesso em 20/01/2010 12:46 h).

http://www.culturaclasica.com/erotico/lexico2.htm. (Acesso em 20/11/2009 16:40 h).

http://www.dicolatin.com/FR/LAK/0/ANCILLARIOLUS/index.htm. (Acesso em 20/11/2009 18:27 h).

http://www.fflch.usp.br/dlcv/paulomar/Elegia%20-%20 Aula%2007%20-%20Catulo%20e%20os%20 neot%E9ricos%20-%20a%20po%E9tica%20 alexandrina.pdf. (Acesso em 20/11/2009 21:48 h).

http://www.hyperhero.com/la/insults.htm (Acesso em 22/01/2010 14:45:54 h).

http://www.noctes-gallicanae.org/Obscena%20verba/Obscena_verba.htm. (Acesso em 20/01/2009 08:31 h).

Este livro foi composto na fonte Bitstream Cooper BT e impresso em fevereiro de 2013 pela gráfica Vida e Consciência, sobre papel Offset 90g/m².